金玉

藝采

談文物

漢寶德

漢寶德 著

黃健敏 主編

目錄 INDEX

01
玉與中國文化

在我接觸古玉的幾年中，深深地體會到玉與中國文化間的深厚關係，把中國定義為玉的文化是最恰當不過。我發現，對於玉的文化意義可以自兩個角度入手觀察。第一個角度是德行的、人格象徵的——古人把玉比擬君子，事實上，玉豈止為君子的象徵，中國人行為中的很多現象都可自玉中反映出來。第二個角度是藝術的、空間觀念的——古人沒有討論過這類問題，但玉器是中國古代最珍惜的器物，它所反映的藝術手法、所代表的空間觀念，對中國文化性格同樣具有決定性的作用。在這裡，我先就近年來思考所及，試論中國玉文化的特色，請讀者們不吝指教。

平面的民族

很多中國人不願意承認，但是中國古人的空間觀念確實是平面的、二度空開的。由於這種文化特性，使中國人未能發展出雕塑藝術，我將這種性格歸之於玉。二度空間的藝術來自裝飾，在器物的表面刻畫紋樣，是原始社會的共同特色，其意義是象徵的，但也是人類尋求美感的開端。只有極少數民族自二度空間發展到三度空間，古埃及數千年文化，沒有發現三度空間的天地，古希臘是迅速進入三度空間的文化，因而奠定了西洋文明的基礎。

西漢早期舞人玉珮，顯示早期中國的造型自平面發展而來。
（漢寶德提供）

從整體文化現象來觀察這個問題，我發覺三度空間的發展等於智慧的果子，掌握三度空開是向知的世界邁進的門檻。觀念一直停留在平面上的民族，思想始終不開竅，很難有真正的進步。然而中國古人真正這樣一個不開竅的民族嗎？我們很難承認這一點。中國自孔子、老子的時代就很開竅了，我們創造、發現了很多科學的知識與人倫的關係。而且到東漢，中國已經有了相當不錯的雕塑的本領。但我們也不能不承認，這些本領表現出來的，只有在很不重要的陪葬品中看到。而代表高級文化的重要的創作物中，並沒有雕塑藝術存在，即使秦兵馬俑也達不到雕刻的水準。

西周鳥形玉珮，在平面發揮創造獨特的紋樣。
（漢寶德提供）

如果自古中國找雕刻，那只有玉雕。商代有些大型玉雕，不但沒有立體感，且表面布滿了刻紋，不能視為雕刻。中國人不信神，所以沒有神像，因此也就沒有神人之間的紀念性雕刻。只有在商周之間、戰國前後，遊戲心情產生之後，在小型玉雕上出現動物造型。玉對三度空間觀念的遲遲不能出現有什麼影響呢？因為商代以來，中國的雕鑿藝術只有玉雕，玉作為一種材料，以及雕鑿的方法都對創作者形成重大影響。玉是很難得的材料，材質十分堅硬，割切非常困難。中國人自新石器時代以來就愛玉，很早就發展出割切的技術，其方法至今仍然是一個謎。我們推斷當時已經掌握了輪盤鋸，以石英粉琢磨、割切。因此把玉切為片狀就成為治玉的第一步。自經濟的觀點，也可以了解。一塊玉礦石，用切片法可以分

東漢長樂玉璧，台北故宮博物院藏。

商獸面紋面具玉牌，美國密蘇里州聖路易美術館藏。（©St Louis Art Museum）

解成很多片大小不同的玉材，如果做成大型雕刻品，只夠一件之用。我認為玉的切片，使漢代以前的玉器停留在平面設計上，是中國人不能也不需要發展三度空間觀念的主要原因。在兩個向度上，中國的創造家已經有了足夠的發揮空間，無暇顧及三度空間了。

說到這裡，我不能不提到中國銅器的造型。銅器是塑成泥模後，開模鑄造的，與雕刻的過程不同。可是漢代以前的中國，造型藝術是以銅器為主。由於塑模是用泥土燒製，而泥土有可塑性，因此在造型上並沒有材料上的限制。商周之間銅器造型非常生動就是這個原因。可是泥塑並不耐久，必須鑄為青銅後才能傳世，青銅這種材料乃成為雕塑的限制。在當時，青銅是統治者才能掌握的材料，在缺乏神的形象的中國文化中，寶貴的青銅就用來鑄造敬天的器物，或家族的紀念物。中國人三向度的想像力本是很豐富的，但造型的能力附著在器物上，沒有發展為獨立的藝術，這是很不幸的。

當西周之後，青銅器衰微，造型的藝術就跟著衰微了。商周之間，古代的藝術家不甘於在器物上做浮雕，已經走出一條路子，即用造型為器物，因此犧尊、象尊、羊尊之屬非常普遍。如果多走一步，就可以走出器物的陰影，不幸到東周之後，又退縮為青銅表面的紋樣，歸回平面設計去了。老子上說「金玉滿堂」，金玉並稱，當銅器衰微時，就是玉器當行的時候了。在戰國時代，一只玉璧可以交換幾座城，可知玉器的行情超過銅器。就這樣，中國人的想像力就被限制在平面上了。幾千年來，中國人一直沒有突破二度空間，安於平面，一直到現代西方文化的來臨。

西周卣，美國華府佛利爾美術館藏。

西周尊，美國華府佛利爾美術館藏。

在這期間，有一個插曲，就是來自印度與中東的影響。自印度與中亞來的是佛像的藝術，開始於南北朝，是中國所沒有的人體造型的藝術。自西洋藝術看來，人類對自己身體的認識與動作的感覺是三向度藝術的基本動力。中國的藝術家在石窟寺中鑿造佛像，開始時也是平面的組合，發展了三個世紀，自我體認，又接受不斷的來自西域的影響，才達到一種立體感。到唐代，雕刻完全立體化了。可是一股自南朝吹起的，柔弱的、平面的中國風，一直在融化著具有動感的、在馬隊上馳騁的外來力量。中唐以後，固有的中國就漸占上風了。到了宋代，佛教逐漸式微，造型藝術重新回到平面的時代。

為什麼中國人這樣眷戀平面的文化呢？這個問題很容易回答。自西方藝術看，雕刻的主導時代是希臘及文藝復興的早期。到了現代，真正支配藝術界的形式不是雕刻而是平面的繪畫。平面比立體更具有發展的空間。中國人沒有在二度空間中模擬三度空間，卻是值得討論的問題。這一點，確實顯示了中國文化平面的特色。可是沒有發明透視術，使中國

戰國龍形玉珮。（漢寶德提供）

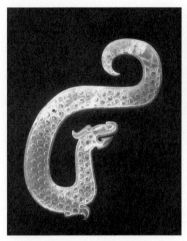

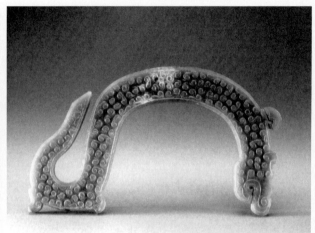

商玉龍，英國倫敦大英博物館藏。
（©The British Museum）

東周龍形玉墜，美國密蘇里州聖路易美術館藏。（©St Louis Art Museum）

的平面藝術有更多的自由。中國繪畫是一個例子，自商周之間到漢代的玉器是另一個例子。世上很少有一種文化的產物可以比得上中國上古玉器的設計。在商周之間，平面玉片上的圖案達到想像力的第一次高峰。中國人開始發明了寓意深遠的形中有形的結構方法，使空間充滿了隱喻的趣味。最有代表性的例子就是一些小型的不規矩的玉片刻成的人形。通常是用不同姿態的龍形組織成功的。整體地看是人，分別看是幾隻龍，這是只有在平面上才能發揮出來的想像力。這種創造力與中國象形文字不無關係，許多文字是一些象徵符號，以不同的形體組構成大的形體，象徵的意味濃，雖然到今天我們無法推測它的意義。平面的設計到了戰國時代到達極盛期，戰國時期的紋樣以龍鳳為主，即以聞名世界的 S 型龍為例，幾乎用盡了簡單 S 曲線的可能變化。而 S 龍只是當時最普遍、最流行的一種設計而已。

框框的文化

中國文化中一個非常重要的特色就是遷就現實。這是一種特有的自我約制力，使個性的發展在一定的限制內運行，而並非自由發展。中國文化中的圈圈與框框，有兩大來源，其一是禮教，另一個就是玉器。幾千年來，中國人學會了如何在外在的條件限制下發揮才能，極少跳出圈圈、框框之外。發展到今天，我們若沒有指令就不知道如何行動，社會上少了框框，就天下大亂了。

古代的玉是一種珍貴的材料，其切割研磨非常費工費時，因此玉器的造型受到材料的限制甚大，在這種情形下，如何省工、省料成為玉器設計中空間思考的主要準則。上古的玉器有兩類，一類是今天尚不知其真正用途的禮器，如璧與琮，是幾何形；一類是裝飾，佩戴的器物，造型較為自由。璧與琮之類，形式固定，無創造的機會，需要材料去遷就它們，而後者因無定型，有極大的創造空間，則大都遷就材料。照今天所知的遺物看，商周的玉器似乎是以第一類為主，材料經裁割後，剩下來的做成第二類的器物。到了東周，璧、琮的數量顯著減少，玉器的創作反而得到更大的自由。

西周玉墜，英國倫敦維多利亞與亞伯特博物館藏。
（©V & A Museum）

東周環形璧，美國密蘇里州聖路易
美術館藏。（©St Louis Art Museum）

新石器時代良渚文化的琮，台北故宮
博物院藏。

在古代，玉料的取得困難，沒有開採的技術，靠揀選，要有專家去辨認。估計其外觀是河床中的頑石，要破開才知道其質地，這就是和氏璧故事的來源。玉未切割前為璞，外面由一層經過風化的石皮包著，與普通的頑石無異。一旦切開，其斷面應為一曲線形，並不規整。所以視其材型決定其製作形狀，是很自然的情形，雕刻家大多如是。

說明此一情形最好的例子是戰國時代的瓏。在上節中，我們提到 S 形玉是平面設計最富於變化者。事實上這種龍的形狀是相當典型的，頭小，體型彎曲為 S，尾分岔，身上有角翼。可是在典型之中，千變萬化，甚少有完全重複者。今天我們知道真正的原因並不是設計者有意改變，而是材料的形狀決定了一切。

有些情形是一塊玉料經切片後，因斷面不同而各片略有不同。這是同類中較少的變化。如果不同玉料，則輪廓相去甚大，形狀就相去甚遠。但直接自玉石料切出者龍形之輪廓均圓渾呈石狀。若干龍形或尖細、或曲折至匪夷所思者，則

西周側面人形玉珮。（漢寶德提供）

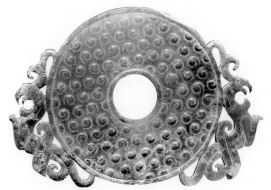

戰國晚期玉璧。（漢寶德提供）

戰國龍形玉珮，其一邊是圓弧，推斷是製璧
之餘材，此圖示意邊料之使用狀況。
（漢寶德提供）

東漢龍形玉珩，台北故宮博物院藏。

可知為玉料裁剩之廢料設計而成者。吳棠海[1]先生發現在他
的收藏中就有製璧切割下來的廢料製成的龍，其特色是一邊
為一圓弧。雖然在當時，這樣的製品並非高級貨，但今天看
來，其變化出人意表。到戰國與漢代之際，此風流行，對於
璧的製作大有影響。璧到了後期，其用途可能大有改變，完
全的圓形不再需要，而有些雕鑿特別考究的器物，對玉質的
要求也提高，材料更為珍貴。此時出現附帶了外加形式的璧。
比較典型的是圓型的邊緣有龍鳳紋飾，就是因珍惜材料，捨
不得割切，因料設計的。這也是吳先生研究發現的。

這種寧願接受材料之限制的精神，在後期的玉器雕刻中仍然存在，而且有進一步的發揮。後代的小型玉器，尤其是可供把玩的掌中玉，多是自小型頑石直接刻出。所以唐到清朝的小玉雕，多呈卵石狀，尤其是明清之際的作品。中國的小型玉雕因料成形，其特色就是反映了石的堅實感，盡量保持石之原形。有時候，利用原石的缺點，如玉之石皮，或其中的黑斑，設計出特殊效果，以既巧妙又經濟的方式刻出造型。中國的大型石刻在唐之後甚少可觀者，但小型玉雕多能傳神，就是因為掌握了這個原則，這也就是米開朗基羅的原則。

除了玉之天然輪廓予中國治玉者以自然限制外，中國人也習慣於先有幾何形，於幾何形內設計花紋的作業方法。尤其在佩飾玉方面，不論是早期的璜與後期的珩，都是環形的一部分，最為古代中國人所喜愛，數量也最多。周代之珩數量非常多，雕鑿之變化亦多，是先有形式，然後就形式來設計內部圖案為數量最多的例子。到了戰國時代，有些珩之設計其造型之富麗簡直可用神奇二字來形容。與珩相近的，有小型的環與玦。這些都是佩掛戴在身上，或連成一體的。在此之外，有些嵌飾器，也是先有形狀，如方形、梯形者然後在上面設計圖案。奇妙的是，在有限的幾何形內，其設計都別出心裁，非常成熟，毫無牽強之感。這種就材料的外設輪廓之限制下，發揮創造才能的藝術特質，也成為中國人在一切行為上的共通模式，而逐漸形成特有的圈圈文化。

西周龍紋玉璜。（漢寶德提供）

西周鳥啣魚玉珮。（漢寶德提供）

　　實在的，中國人的行為習慣於在固定的輪廓內運作，對於西洋人所習慣的、完全內發的、首創格局的作風非常陌生。在建築上，我們習慣先建圍牆，在圍牆之內有一廳堂、兩廂、中庭、前後院的格局。我們運作的空間是在這些固定的條件下，斟酌現實，調整這些內容與輪廓間的和諧關係而已！

　　玉是很珍貴的材料，製作很難，非一般人所可負擔。這種玉的精神自六朝以後經由剪紙的藝術傳播到中國全境，把在輪廓主導的文化向下扎根。剪紙是先有輪廓，經由巧妙的設計，靈巧地剪、切，造成生動的透空的畫面。剪紙畫是中國民間最具有影響力的藝術，因為人人都可動手剪，人人都有創作的機會與能力。農閒的年節，家家都有剪紙的活動，用以裝飾家屋。雖然年畫一直是農村裝飾的主要項目，但年畫並不是普及的藝術，它是由地方粗陋的印刷工業生產出來的，與剪貼的影響力不能相提並論。自此引申，中國人在政治上不習慣自治，嚮往開明獨裁統治的現象，也許過於迂闊。但自文化的

開剪紙先河的戰國鏤空龍形玉珮。（漢寶德提供）

屬性上解釋，確實是可以相通的。玉文化使中國人古來就缺少有機的、自內而外的觀念。

陰陽的觀念

　　外國人看中國文化，最感到神奇的就是陰陽的觀念。陰陽二字雖已為西洋人所熟知，但我所交談過的外國朋友，沒有一個人能掌握陰陽的真義，可知這個觀念不是人類原生的智慧所共有的。陰陽的觀念怎麼會在中國生根呢？學者們可以有各種說法，可是我在古玉中看到此一觀念產生的可能來源。

　　陰陽被後世的術家所利用，今天的中國人也迷惑了，以為與超自然的力量有關。其實不然，陰陽是很簡單的觀念，是一種從自然現象中抽引出來的哲學。沒有白天就沒有黑夜，是很自然的道理。沒有東方就沒有西方，沒有正面就沒有反面，沒有好人就沒有壞人……，真是不一而足。這是最根本、最真實的相對論。懂得陰陽與不懂得陰陽的人有什麼分別呢？前者只看到一面，後者則看一面時一定同時想到另一面。中國人同樣懂得陰陽並存的道理，才會有以退為進以虛

以正負交互利用的春秋鏤空龍形玉珮。
（漢寶德提供）

掌握陰陽均衡的戰國鏤空
龍形玉珮。（漢寶德提供）

為實的人生觀。這一點，對外國人而言，無論如何也無法了
解的。

　我不能說，中國人自「治玉」中體會到陰陽的道理，但
至少可以說，自「治玉」中加強了陰陽相生的信念。前文說
過，中國人治玉，為了尊重玉的天然輪廓，及預先設定的形
狀，以最經濟、最少工作量與最少切割的條件，聰明地製作
出動人的圖案。治玉者要做到這一點，他必須具備一項重要
的能力，那就是在處理空間時可以正、負交相利用，這是東
西文化最大的分歧點。西洋文明，自希臘開始，即以實體為
中心，產生背景與主體的觀念。在此觀念中，你注意到人，
人即是主體，其他概為背景。因此他們集中精神在主體上，
創造了非常寫實的雕刻、繪畫藝術。在裝飾藝術上也使用寫
實的手法，因此受到輪廓的限制時就出現窘境。如神廟山牆
上的雕刻組就因兩端尖角，很難布局。西方文明利於獨立、
自由的雕刻，雕刻的主體支配其背景。

　中國人攻玉，在材料上難求，在技術上耗工耗時，又要
求精美，所以圖案從未向寫實方面發展，如果在一個定形的
範圍內呈現寫實的形象，其結果必為清代的玉牌，上刻有人

東漢龍紋玉環，台北故宮博物院藏。(© 國立故宮博物院)

東漢獸紋玉環，台北故宮博物院藏。（© 國立故宮博物院）

物，或花鳥，如同一幅畫，失掉玉文化特質。中國古玉走圖案的路線，把要表現的東西，人物也好，龍鳳也好，虎豹也好，均圖案化。因為只有這樣才能適當地安排在有限的空間中。在三代的玉雕中，龍的主題最多，其原因之一可能是龍體彎曲，便利於設計。在處理彎曲的時候，攻玉的匠人很快就學會，以最少的割切就可呈現造型。他必須學著去看被割切的穿孔或線條，達到完美的造型。一個很好的設計，其切空的部分雖然未必成為一個造型，卻必然是很美的圖案，這實在就是空間設計上陰陽相融合的道理。

　　商周之前，匠人就掌握了初步的原則。在一塊玉上割一、二個缺口，穿一、二個孔，完成初步造型。到了戰國時代，

漢玉鏤空龍紋璧，台北故宮博物院藏。（© 國立故宮博物院）

所謂鏤空（open-work）就很流行，因為陰陽的觀念已經掌握。
這時候，匠人割切的空間具有很高的美感，使我們推想，設
計是自穿孔開始。我們要記得工作的程序，今天所看到的細
微的裝飾是最後完成的。在工作的初期，只是一個挖空的玉
片。由於掌握了陰陽均衡的道理，一個好的設計，其挖空必
然是勻稱而優美的。所以一件作品還沒有完成就知道其藝術
的高下了，這就是陰陽觀念的高明之處。

其實陰陽的道理與美術上的構圖原理是完全符合的，中
國自古以來在文字上就有構圖均衡之美，自甲骨到籀篆到漢
隸，在今天看來，都是完美的構圖藝術。到戰國，印章出現，
這種字體與陰陽均衡的道理就結合而為一種中國特有的藝
術。在一個方不足寸的空間，容納幾個字，又有正刻與反刻
之分，實在是中國心靈獨特的創造。到漢朝，這種藝術就初
步成熟，達到第一個高潮，這時候的中國人已經完全掌握到
陰陽相輔相成的觀念了。

懂得陰陽的道理，就知道正反兩面是一體的兩面，對於
輸贏與對空實一樣沒有什麼成見，在文化的性質上就有「用
空」的特質。中國人也許是世上唯一了解「空」就是實的觀
念的民族。一個茶杯，其用在空，造型如何其實並無意義，
這就是老子的哲學。西洋人沒有發現杯子的意義在其中空的
道理。在建築上也是一樣，中國的建築是先有圍牆，圍成一
個院落，然後沿圍牆建築，最後剩下中間的院子。中國建築
並沒有多少變化，因為院落是建築不可少的一部分。走到中
國建築環境，你所能感受到的都是空間，大院落小院落，長
夾道、短夾道與建築的牆面、門窗空實交互使用，是外國人

無法了解的，外國人到本世紀才知道空間的意義。這種虛實相濟的觀念反映在中國人生活的、思想的每一個角落。中國的藝術：書法與水墨畫，中國的武術：太極拳，都是如此。中國的做人做事的道理，乃至人生觀，都不出此原則。我們不能說這一切來自玉的文化，至少可以說，自遠古以來，玉的文化已經是中國文化核心的一部分了。

假借與隱喻

在中國文化中，有相當多特質是自文字中推演出來的。而古中國的玉器，發展於文字創生的時代，其紋樣的特色至少與文字的發展有互補的關係。中國玉器的紋樣，在戰國之前，有一特色，即圖案艱深難懂。到今天，大陸上的學者時常概稱之為雲紋，因其彎曲如雲之故也。可是歐美的學者從來就很

殷商甲骨文龍字寫法。（漢寶德提供）

重視圖案的內容，他們雖然看不明白是什麼動物，卻要詳細地描寫其圖案。所以到了六〇年代，哈佛大學的羅樾教授[2]已經把春秋玉器上的龍形看出來了，而且寫了一篇穀紋演變的文章，把西周到戰國間的圖飾演變為突起點點的結果，說得很明白。

戰國穀紋玉璧。（漢寶德提供）

戰國中期龍形玉珮，台北
故宮博物院藏。
（© 國立故宮博物院）

　　這段時間為玉器最發達的時代，也是中國文化逐漸發達成熟，文字即將定型的時代。玉器上紋樣的特色有三點值得指出──

　　第一點，前文曾約略提起，即一個圖案為幾個圖案所組成，或一個圖案包含了兩個以上的造型。最有趣的是西周時期的玉飾，常見一個人形，除了頭部以外，身體、前肢、下肢都是些捲曲的龍形所組成。中國人似乎認為部分與全體都另有一個生命存在，這一類在外觀上最接近美洲的馬雅文化的圖案，只是馬雅沒有同樣的特色。這種造型觀念，演變到戰國時代，常見一隻龍，到尾巴變成鳳的圖案，一直到戰國末期與西漢，這種構圖方式才完全消失。

　　第二個特點，是造型中有造型，這是有了外輪廓之後，填滿其中的紋樣，仍然是一些小動物的設計。這類設計盛行於春秋時期。這正是百家爭鳴的時代，輪廓逐漸合理化了，但「一中有多」的觀念則以表面紋飾的角色出現，一直到戰國穀紋化完成才結束。中國人是愛好生命的，所以很難產生象徵悲劇與死亡的作品，而萬頭攢動，隨處有生機的理念，正是玉器紋樣的精神。到了漢朝，這一特色就完全消失了。

戰國龍形玉珮。（漢寶德提供）

戰國龍紋玉珩，以側面龍形構成獸面，典型的假借設計。（漢寶德提供）

第三個特點，是局部圖案互相借用。這同樣是春秋戰國時期常見的情形，即在紋飾發展為線條組合之後，圖案的某一部分可能是另一圖案的另一部分，使你感到處處暗藏玄機。吳棠海的收藏中有一塊玉璜，中央部分刻著兩隻龍形，是非常流利的造型，上下顛倒時，則見中央是一幅典型的後期獸面。這種假借是中國人最拿手的設計，其複雜與含混正代表了中國人的表達方式。

中國的語言文字中充滿了這類複雜含混的特質。我們不喜歡直來直往的語言，喜歡把真正的意思隱藏在語言的背後，使只有聰明的人才懂得。我們不喜歡太過單純的表達方式，認為一語雙關或多關才是智慧的表現。我們的文化中，由假借轉化為象徵，成為一重要的特色。以諧音來轉彎抹角地表達期望與祝賀，即使是今天的中國人都不能十分了解了，但是卻以新形式出現在現代工商業社會中。

明清以後的小型飾玉可以說明後期中國的裝飾藝術之特

色。自小型頑石雕出來的形狀，作為佩戴之用，是中國人最喜歡、最流行的玩物。其主題以人物與動物居多，除了生肖動物自然為人所喜歡之外，很多雕刻都是有寓意的，雖然內容十分通俗。舉例說，數量較多的童子，大多有「連生貴子」之類的含意，形象為一童子手執蓮花，如以蓮花表示「連」的意思，有些較複雜的雕刻，有兩個童子，一童執一荷花，另一童提一竹盒，乃有「和合二仙」的含意。和與合是家庭中的基本人際關係的原則，蓮花與荷花沒有分別，在此處蓮花要看作荷花，來象徵和諧了。

明連生貴子玉雕。
（漢寶德提供）

　　自古玉的紋飾來看，玉文化對中國人的表達方式之神祕莫測的性格，早已顯現出來了。遠古的玉工在刻製那些紋飾的時候，必然享受那種交結、複雜的造型關係的創作，後代的中國人則幾乎沉醉在模稜兩可、指桑罵槐的表達方式中，成為心智的遊戲。到後來，連高級的藝術如繪畫，都成為寓意性的創作了。

溫潤與圓融

　　以古代的文獻來看玉的價值，最重要的是溫潤。古人說，玉有五德，像人格的五德，就是仁、義、智、勇、潔。把溫潤的手感視為仁，把紋理內外一致視為義，把聲音清脆視為

智，把質地堅硬視為勇，把角稜尖銳視為潔。這五種性質確實是玉器的特點，但到了後代，中國人真正喜歡的就是玉的溫潤了。玉有五德是最流行的說法，其實對玉之德說法很多，《禮記・聘義》中，舉出十一德之多，義禮智忠信，甚至天地道法無所不包。《管子・水地篇》，舉出了九德，除了仁義智之外，與《禮記》所載並不相同，可見古人喜歡玉，比類於德行則因人而異。到了漢代，玉德的說法就漸縮小了。《說苑》中舉出玉有六

新石器時代晚期玉圭。
（漢寶德提供）

美，與古說未盡相同。《五經通義》始有玉有五德之說：仁義禮智信，已經是公認的五德了。但內容的比類與古說並不相同，如溫潤而解釋為智，今人所引為《說文》中的說法；《詩經・秦風》中有「言念君子，其溫如玉」的話，是後來比德於玉的根據。

說起來難以相信，玉的幾種性質，應該是相矛盾的，卻能存乎一體。以潤來說，應該是一種柔軟的物質之特色，可是玉卻十分堅硬，刀刃不能傷。一般物質如果有潤澤之感，通常不會光亮，玉卻可兼而有之。後人特別喜歡玉的溫潤，是在其他性質之上的溫潤，故覺其十分難得。古人說：「能柔能剛，能抑能揚，能斂能彰，而能備精麤之美，以全天下之道者，玉之為物也。」

中國玉是軟玉，發出刺眼光澤的翠，不能被視為玉。因

為軟玉的組成對光線有擴散的作用，所以其質地雖可達到六度，可琢磨到十分光亮，卻仍有潤澤。玉雖可為禮器、陪葬品，但亦可為隨身之飾品。故「潤」字上手後就有溫的感覺。其實溫是體溫經過把握後傳達到玉上的感覺。玉質近石，能吸收溫度，保持溫度。與金屬器相比，冷天不冷，熱天不熱，故近人。也許是這個原因，後代的玉器遂以小型的佩飾器為大宗了。

　　玉之溫潤感，有一個來源是其半透明的特質。其實玉的透明度尚達不到半透明的程度，它只是透光而已。一個物質如果完全透明，如玻璃或上好的水晶，就有冰冷的感覺，明亮潔淨而流麗卻不近人。如果完全不透明，如頑石，就有粗糙的感覺，混濁而拙笨，不討人喜歡。玉之為物，質純而透光，渾厚而不失靈性。好玉者講究「透」，實即背面有光源，可顯現微亮，使玉之質地美呈現出來，而且有光采內蘊之感，含有深度、含蓄等特質。玉如果太薄而至於透明見物，其溫潤感就完全消失了。這就是後期痕都斯坦的玉製器物，雖十分精巧，總不能為中國人接受的真正原因。

　　中國儒家的君子形象就是如此。一位理想的儒者，有豐富的學養但不急於顯露，只在行為上很謙和地使人感受到，這就是光采內蘊。真正的讀書人沒有稜角，不會霞光四射，令人不敢仰視，而是很容易接近的。因此古人才說渾潤代表仁。自字義上看，溫潤是溫和、柔潤。色和為溫，性和也是溫。所以溫與和字幾乎同義。在溫度上，溫的意思是不冷不熱，也有和字的意味。古代溫文並稱，即溫的個性與文采、文雅相關。

　　若自古人「玉有五德」的觀念來看，古人對於玉的幾種性質，一視同仁，都認為很重要。可是後期的發展卻凸顯出溫潤感此一特點。主要因為其他性質並不是玉所獨有，而只有潤澤是其他物質所不具有的。恰好儒者以仁為主要的道德標準，以玉來象徵儒者就最合適不過了。溫潤既為玉器最重要之特點，到了後代，玉器就向強調溫潤的方向發展，佩飾就變得重要了。佩飾品最接近人體，最能突出形象。尤其到後代，禮器玉雖有《周禮》的記載，早已失傳，陪葬玉則為陶器所取代。佩飾之外是擺設，擺設是置於几案上以供欣賞的。古玉經發掘後，其大型者成為擺設品，其小型者就成為佩飾品。此二者均可為愛玉者把玩，享受其溫潤之感。後代製玉，也就在這兩方面發展了。

　　玉自溫潤之個性發展為可以把玩的佩戴玉之後，就有另一種個性，為人所稱道，那就是圓融。圓是沒有圭角，豐滿無缺；融是融合、不突出、不顯露、不固執、善調和。圓融是中國社會所喜愛的個性，這種個性雖無法認為是自玉文化產生，但至少可以由玉文化來印證。

　　把玩玉上手溫潤、柔和，古玉看上去溫潤柔和，都象徵了溫文圓融的人際文化。古人說溫如玉，早就把玉作為溫的德行之代表了。而上手之後，最忌圭角，所以不論造型與雕刻，均宜去角取圓，形成良好的手感。今人「玩」古玉稱「盤」，即以手指經常摩擦，使玉色呈

新石器時代紅山文化龍形玉飾。（漢寶德提供）

現，圭角圓化。為了減少良好的軟玉
過分瑩潔的特色，今人喜歡出土受浸
變色的古玉，特別是微帶紅色或咖啡
色的東西，因其呈色溫和而不露。宋
元之後，甚至於玉上著色，以得到出
土的趣味。

商代玉鐲。（漢寶德提供）

　　玉文化事實上使標準的中國人失掉了剛強的個性。中國
的念書人在溫文恭謙的教誨與陶冶下，失去了銳角。自好的
一面看，一切以和為貴，以圓為上，社會上充滿了祥和。但
卻失去了據理力爭、堅持良知的勇氣。古人論玉，本有勇與
潔的德性，可是後人都忽略了，只重視溫潤一德，因此在負
面上，創造了一個大醬缸文化。大家都搓圓子、和稀泥。嚴
格說來，這怪不得玉德，但玉德之後期發展，至少與中國社
會之習性匯為一體了，這恐怕不是古聖先賢在玉與君子的比
類時所想像得到的吧！

如意的紋樣

　　中華民族的文化特色之一是對幸福的期盼，這是非常入
世的人生態度。我們在歷史的早期雖然有過一段因尚鬼而產
生的嚴厲造型，可是進入周代，工藝的紋樣就趨向於輕鬆與
愉快，逐漸改變為美感與幸福的追求了。世上各文明，只有
中國人突破了神祕的氣氛，達到這一境界。其損失為失去了
悲劇的、威嚴的、藝術的可能性，可是卻使中國人幾千年來，
苦中求樂，過著自求滿足的生活。這是因為中國人發明了一
個觀念，那就是幸福的定義是如意。

　　這一名詞的來源，甚難查考，只知道「如意」器物是來自印度，皈之一端加以手杖，用以搔癢。如意的觀念與印度或佛教有無關係，情形尚不明確。可是我們明確地知道，追求幸福的觀念早就是中國文化的一部分了。漢代器物上刻的字跡大多是祈福的字眼，其中充滿了如意的期望。這與玉文化有什麼關係呢？我沒有意思說如意的觀念一定是來自玉文化。我只能說，自玉的紋樣之演變中，可以看到中國人的心靈自恐懼與敬畏，逐漸變為祈求與歌頌的一種歷程。而可以為此證驗的，是如意式紋的出現。如意紋可能是中國所獨有的紋樣。

　　「如意紋」這個名稱當然是後代加上去的，這並不是一個在學術上有共識的名詞。學者喜歡用「雲紋」，其意是指自然流暢的曲線，兩端以卷曲收頭。我不喜歡雲紋的稱呼，因為太牽強附會，缺乏文化的深意。以為古代的這類曲線是雲的描述是沒有根據的，只能說這種紋樣被後世用做雲的表現法而已。即使如此，稱那種雲為如意雲也比較恰切。

　　如意紋的產生可以很明確在玉器上看出來。在商代末期，玉器的紋樣上開始出現渦線，並且幾乎完全捨棄直線與折線，偏好半封閉的曲線。為了無法理解的理由，這些渦線或半封閉的曲線，其收頭處為一圓點。這是一種純圖案的發明呢？還是有神明、精靈的意義？今天無可考據，但是卻成為中國式紋樣的重要特色。這是如意紋的開山祖師。

　　到了周代，構成圖案的線條開始分解，解析為一些阿米巴型的獨立個體，再由這些個體組織成形。而每個個體都是

出現渦線與半封閉
曲線的商代玉珥。
（漢寶德提供）

帶點渦線的商代
柄形玉器。
（漢寶德提供）

一條半封閉型的曲線，兩端以渦旋或大點收頭，這是後代雲
紋的直接來源。這種解體後的造型方式也就是前文中提到一
物多指的開始。周代的玉飾，原來都是一些帶有恐怖感的神、
獸，具有原始護身符的性質，可是用這些優美曲線來表現，
其意義就軟化與轉化了。可怕的形狀逐漸變成可愛的形狀。
這時候，一件玉器上會出現很多大小不等的端點或渦紋。到
了東周初期，圖案再度分化，造物的形狀更加模糊了，只形
成表面的紋飾，而整體的造型則重新以輪廓的形式再現。這
時候，表面的圖案事實上是一些渦紋的隨意組成。

　　東周後期的發展則有兩個方向，一個方向是穀紋與蒲紋
乃至乳丁紋等，排列整齊的點子飾；另一個方向則為結合渦
點與曲線，逐漸規律化為渦紋與 C 或 S 紋的結合後的圖案。
這時候同時出現了鏤空雕飾。雕空之處呈現優美的規律化的
曲線，如意紋的特點已經完全具備了。這就是如意紋誕生的

經過。到唐朝，如意紋正式出現。在傳統的資料中，北宋的
《營造法式》上的圖案，如意頭已經發展得相當複雜了。

　　如意紋是什麼樣子呢？是兩個帶尾巴的渦點在尾尖相接
而已！最簡單的就是一個 C 字，早在春秋末期，S 紋就出現
在獸身上，在戰國出現成熟的渦頭帶 S 尾的如意紋，最早是
劍璏。圖案中拿來當獸身脊背的（吳棠海先生的意見），不
久就當做花瓣了。正宗的如意紋為心形，所以非常親切可愛，
有花瓣與樹葉的意味，在自然界隨處可見。到後來，兩臂增
加一些波磔，在宋元間成為裝飾流行的母題。《營造法式》
上樑柱的裝飾，如意頭是主要圖案；而女性衣飾的雲肩，實
際上是如意的造型。在元代珍貴的青花瓷器上，常有如意形
出現。自此而後如意就與中國人的生活分不開了。稱它為如
意頭，是因為如意原是一種器物，其頭部的形狀使用了這樣
的造型。其後雲紋或靈芝的造型時常在中國的裝飾中出現，
是因為與如意紋相類的緣故。

　　稱中國人為追求萬事如意的民族應該是不錯的，《中國
吉祥圖案》的日本作者在民國初年就覺察到這一點了。代表

有兩個心形圖案的戰國晚期西漢劍璏。（漢寶德提供）

漢玉璲，台北故宮博物院藏。（© 國立故宮博物院）

西漢中晚期獸紋玉劍璏，台北故宮博物院藏。（© 國立故宮博物院）

元代青花瓷器上的如意雲肩。
（漢寶德提供）

如意的圖案是玉文化的產物，亦是不爭的事實。以上舉出的
幾個文化特質，都與中國人的藝術觀念及中國人的行為有關。
玉是中國人的護身符，死後又帶到墳墓裡，是命根子，其神
奇性在《紅樓夢》的賈寶玉的故事裡已廣為流傳，無人不知。
這樣與生命結為一體的器物，對文化有形無形的影響當然超
過其他文物。它毫無疑問地反映了中國人的價值觀，尤其是
溫潤與人格的關係。本文中有關溫潤的討論是傳統觀念的一
部分，是本文唯一非新創性的說法。自溫潤到圓融，中國民
族性的發展，是作者個人的觀察。我嘗試提出的幾個藝術特
質的觀念，自認為經過幾年的觀察與思考，尤其在空間觀念
上，希望對研究中國藝術史的同好有點參考價值。但是我向
來不認為藝術與空間的觀念獨立於文化與行為之外，因此在
討論中不自覺地把一些中國人的行為連上去了。這當然有待
民族與社會學者的檢視與批評。我一直相信物質文化是文化
的象徵，是精神文明凝集而成的證物。器物可以反映文化的
精神，比起空談理論要明確得多。

　　可惜的是，學者們對古代的文物並沒有足夠興趣。有之，只限於考古學的範疇，其內容幾乎是純科學的，缺乏文化性的闡釋。對於玉文化，中文的著作除了考古圖集之外，幾乎都環繞在真偽的辨識之中。至今沒有人在文明的意義有所闡發，我以業餘的愛好者寫這篇文章，真正是拋磚引「玉」而已！

──《聯合報》副刊，1994/10/11、12、13

《中國吉祥圖案》書中的如意圖案。

附錄Ⅰ：金玉緣

　　在我十餘年的博物館生涯中，內人中行很少介於其事，但是有兩個展覽是她自始至終都參與的，一是民國八十三年的「認識古玉展」與八十四年的「上海青銅器展」，這當然與她對古物的收藏興趣有關。「認識古玉展」是民國八十一年秋天開始構思的，當時自然科學博物館的三、四期正進行最後一期的收頭工作，在「中國科學廳」的旁邊，我闢了一個70坪大小的小型展示室，作為文物展示之用，很想辦一個古玉器展，配合開館的活動。古玉展的動機是感到吳棠海先生以科學的方法研究古玉，進而鑑別古玉，是結合科學與人文的一個非常好的例子。我國喜歡古物的人常常忽略科學的重要性，很想藉這個展覽把愛好文物的成年觀眾引到科博館來。同時，吳先生在研究過程中，累積了上千件的古玉參考品，極為難得，是驗證其工具理論的極好展覽品。

新石器石龍山文化玉斧，美國密蘇里州聖路易美術館藏（©St Louis Art Museum）

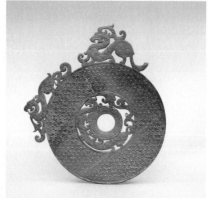

東漢璧，美國密蘇里州堪薩斯市納爾遜‧阿特金斯美術館藏。（©Nelson-Atkins Museum of Art）

　　所以自那時候開始，內人與我時常於周末造訪吳先生，討論這個古玉展的展出系統，與書籍出版的方式。中行對古玉抱著極高興趣，一直在旁邊聽，而且不時加入意見。這個工作持續很久，發現不少困難，所以居然到了接近開館的日期，還沒有理出頭緒來。開館事忙，就擱了一段。但在這時候，我寫了一篇介紹古玉的文章，也暫時丟在一邊。

　　民國八十二年夏天開館之後，我們又重新回頭思考古玉展的問題。這時候，我開始把館裡的同仁引進這個工作中，可是最後還是完全依照吳先生的架構，略加修改。「古玉展」一直到民國八十三年的十月才揭幕，揭幕之後，引起古玉愛好者的興趣，對台灣古玉的收藏與研究，起了不少的作用。《認識古玉》[3]那本書也是依吳先生的架構出版的。大家商量的結果，把我在一年前寫的那篇文章印在後面，供有興趣思考問題的朋友們參考，並於展出時發表在《聯合報》副刊，以廣宣傳。這個展覽非常成功，後來又被引介到美國做巡迴展覽，那是我離開科博館以後的事了。

　　「上海青銅展」則是民國八十三年秋天，大陸文物局張局長率十幾位館長來台訪問時，在一次座談會上，所達到的初步結論。當時上海博物館的馬館長表示，該館正建新館，可以把該館的主要藏品，以免費的方式借給台灣的博物館展出。我想古玉既已展過了，要展就展青銅。上海的青銅收藏頗有名氣，就從這裡開始吧！

新石器龍山文化人面及禽鳥刻紋圭，美國華府佛利爾美術館藏。（©Freer Gallery of Art）

　　為促成這個展覽，民國八十三年冬天，內人與我自費去上海接洽借展，蒙馬館長熱誠接待。在上海，我把科學博物館展出文物的精神加以說明，要求上海方面幫忙，因為文物類博物館只要展出文物就夠好了，但是科博館一定要向觀眾說明為什麼？

　　依例要出一本書，上海方面寫書的人才很多，用不著我們操心，但我覺得他們的著作都太制式化了，沒有思考的空間。所以我就寫了一篇文章準備必要時印在圖錄裡。可是就在籌展而尚未開展的時候，我就離開科博館去籌備藝術學院了。由於圖錄匆忙間與藝術家出版社合作出版，這篇文章就沒有派上用處。

　　中行對銅器的興趣本來不大，但是由於這次展覽，她了解了很多，所以開始注意高古的青銅。在民國八十四年十月，她所收藏的最後一件文物，竟是西周末的一只帶蓋的銅盆，記得她把這只銅盆拿回家裡，找到陳列的位置發現光線自上而下，盆子下部的花樣無法看清楚，就到處去找鏡子店，想在下面放只鏡子反射光線上去。她從來沒有對文物這樣費心過的，使我覺得銅盆中的銘文幾乎是紀念她的文字。

　　為了紀念她的逝去，我就決定把這兩篇短短的文章合為一小冊，作為紀念出版物的第一冊，希望與愛好文物的朋友們交換意見。尚請讀者不吝賜教。

漢師母蕭中行生前所收藏的最後一件文物——西周帶蓋銅盆。（漢寶德提供）

附錄 II：何謂古玉

　　本書所指古玉，是指漢末之前的古代玉器，是中國玉器自起源到發達的時代的產品。有些學者認為中國玉器新石器時代為孕育期，西周之前為成長期，春秋戰國為嬗變期，到南北朝為發展期，隋唐至宋金為繁榮期，自元至清為鼎盛期，（楊伯達：《中國玉器全集1》，十三頁）雖然有一定的道理，我們認為這種單線發展的歷史觀是有討論的餘地的。古玉的古字應指上古而言，西人用 archaic 這個字，有不再使用的意思，大體是正確的，因為中古到近世的東西有些仍然是我們生活中的一部分。但是我比較喜歡把「古」字解釋為古典（classical Antiquity）的古。「古典」這個字是西洋人用來形容希臘、羅馬的古文明的，很適合用來描述中國的周、漢文明。它本身是成熟的、典範的，後世沒法超越的。玉到南北朝，其工藝事實上已經衰退了，誰都知道考古發掘到的隋唐玉器，生活化了，在技術上是無法望周、漢作品之項背的。

　　「古」字說完，談談「玉」字。近年來玉器相關書籍出版不少，對玉這種材料都有說明，但大多因襲外人之說，把玉分為硬玉與軟玉。硬玉是翡翠，軟玉是中國玉。在韋氏字典上甚至說軟玉 nephrite 是比較差的一種玉，這是很荒唐的分類法，玉是中國的靈魂級的工藝，怎麼可以照外人的說法？英國學者韓斯福（Howard Hansford）早就留意到，清乾隆朝的紀昀在《閱微草堂筆記》中就說翡翠不是玉。我們應該劃分清楚，翠是翠，玉是玉，以後談玉，指的就是溫潤、光亮又堅韌的中國玉，玉質鋼刃不入，何軟之有？翠被寵愛，象徵中國精神的淪失。不但不能指翡翠為玉，即使軟玉，即和闐玉也不能獨佔玉這個名稱。因為和闐遠在

西域，中國自新石器時代到商、周，數千年間用玉無數，何能全
來自和闐？把軟玉視為中國玉，是以偏概全。漢代以後，國力遠
達邊疆，品質比較好，尤其是白或青白的和闐產品，自然就成為
主要來源。大陸學者喜歡用一些名詞，如角閃石、遠閃石、陽起
石、蛇紋石等，既不學術，也不通俗，令人讀了如墜五里霧中。
幸虧他們研究發現了與和闐玉外觀、性質近似的中國玉材，有岫
岩玉與南陽玉，尤其前者，全國各地均有發現，解決了上古玉材
的來源問題。玉器是文化的產物，不必為它的物理性質斤斤計較，
今天我們對玉的解釋，不如就依古來的傳統，把我們上手時毫無
懷疑的，溫潤而堅韌，光潔而半透明，硬度在五、六左右的石頭
都稱為玉吧！

新石器時代龍山文化玉斧，美國密蘇
里州聖路易美術館藏。
（©St. Louis Art Museum）

編註

1　按「佛光大學佛光人文社會學院藝術學研究所」網頁：吳棠海（1949-），台灣省宜蘭縣人，投入文物市場工作三十多年，專研古玉、古陶瓷鑑賞。曾在國立台南藝術學院（2004年8月改名為「國立臺南藝術大學」）博物館研究所、北京大學考古系（現為北京大學考古文博學院）授課，參與策劃國內外多項古物展覽，以筆名（吳凡）或本名在《故宮文物月刊》、《工商時報》、《震旦月刊》等報章雜誌上發表專文。著有《認識古玉》、《中華五千年文物集刊‧玉器篇四》、《中華五千年文物集刊‧玉器篇五》、《認識古玉新方法》、《紅山玉器》、《春秋玉器》、《唐宋元明清玉器》、《青花瓷鑑賞》等書。

2　羅樾（Max Loehr, 1903-1988）出生於德國薩克森州開姆尼茨。於1931年進入慕尼黑大學，攻讀遠東藝術，1936年獲得博士學位。在慕尼黑的五大洲博物館（Museum Five Continents）從事亞洲收藏。1940年羅樾前往北京，在中德研究促進中心學習，後來又擔任該研究所所長和清華大學助理教授。1949年回慕尼黑，1951年移居美國，在密西根大學任教。1960年擔任哈佛大學東亞藝術系主任，福格博物館（Fogg Museum）任東方藝術策展人，1974年退休。

3　《認識古玉》一書由中華民國自然文化學會於1994年10月出版。該書頁首有漢寶德所撰〈何謂古玉〉的引文，特收錄於此編註之前。《認識古玉》的序言〈揭開古玉的神祕面紗〉一文則接續於本章〈玉與中國文化〉之後。

02 揭開古玉的神祕面紗

紅山文化晚期帶齒動物面紋玉飾，
台北故宮博物院藏。

　　十幾年前，當我對古代文物發生興趣，開始量力收藏的時候，是自陶器著手的。在同時對於中國古代知識分子所鍾愛的玉器，亦頗感興味。但是經尋訪一些古物商人之後，我發現玉帶著太多神祕色彩。愛玉的人喜歡說一些神奇的故事，完全不足以置信，而對時代的鑑別、真偽的判斷，極少理性地分析。即使是認真的商人，也只能似是而非地，舉出些禁不住考驗的論證。在我不小心被花言巧語所套買了幾件贋品之後，就決定放棄。當時兩岸未有交流，大陸的發掘報告及出土器物圖錄，尚無法看到。在今天看來，放棄毋寧是很明智的決定。

　　五、六年前，我認識了吳棠海先生。當時，他是以買賣陶瓷為主的古物商人，去他那裡，主要是看古瓷器。但同時他也從事玉器的買賣。我雖然不收藏玉器，也經常有機會看到一些。大約就在這個時候，看到吳棠海先生的「參考品」。吳先生是很聰明的人，又有深入研究的興趣，他做古物生意，不願盲目地、江湖式地賺錢，而希望買東西的人先有所了解，心裡很踏實地付出錢來。這是很不容易的，試想多數買古物的人，都是出於遊戲與排遣的心情，是從事一種文雅的休閒活動，哪裡會是古物的專家？他們好奇，但懂得很少。吳先

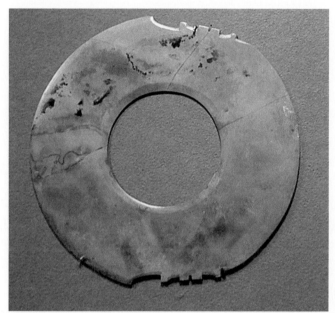

夏晚期至商早期玉戚，台北故宮博物院藏。

商晚期龍山齊家系璧，台北故宮博物院藏。

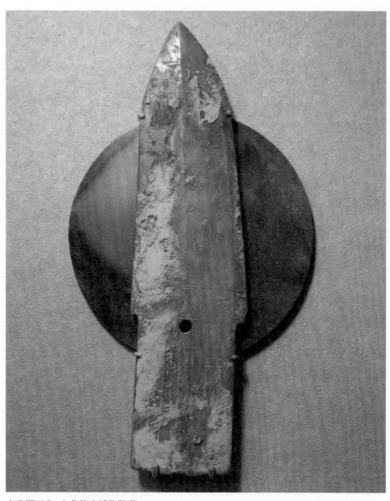

商晚期玉戈，台北故宮博物院藏。

生必須做一個耐心的教師，在不傷他們自尊心的情形下，告訴他們辨別真偽的方法。他努力做到這一點，主要靠兩個支柱，一個支柱是分析的頭腦，另一個支柱是古物參考品。前者是軟體，後者是硬體。

　　我認識吳棠海先生的時候,他已經有了一套陶瓷參考品,
並且加以整理,為文物學會上課,因為軟硬兼施,效果相當
良好。大致在同時吧!他開始收集古玉的參考品。所謂參考
品,就是古代的器物殘缺而沒有市場價值,但足以藉此了解
古物者。這些東西,對於其他的文物商並沒有吸引力,他為
了向客戶解說的目的卻加以收購。幾年之間,他所搜集的玉
器參考品已超過六百件,由於他的興趣,那些不完美的器物
都值錢了。目前他的上古玉器參考品的收藏也許是世上絕無
僅有的,其學術性價值無與倫比,對於古玉器的鑑賞,也是
無上的寶藏。

　　吳棠海先生自做生意的觀點去收集參考品,是很重效用
的。他整理參考品,研究參考品,自然也是依此為準則。這
種特殊的觀點,簡而言之就是要明確地指出時代的特徵,使
買家不再生疑懼,他的表達方法比起大學教授要有效得多了,
以做生意的方便,見到無數的真偽玉器,又遍訪大陸各博物

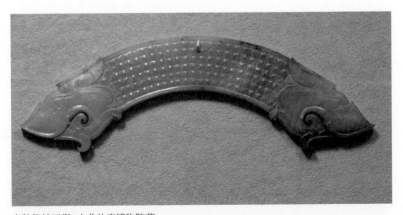

春秋龍紋玉珩,台北故宮博物院藏。

館的著名收藏，他確實找到了一些前人所未注意的特徵，逐漸揭開了古玉的神祕面紗。這一特殊的參考品收藏在這過程中擔當怎樣重要的角色呢？

　　第一，它們是可信的時代證物。我們知道，古器物最令人頭痛的就是偽品太多，無從分辨。除非有考古發掘的報告，古物流傳於世者，大多為偽品，或真偽難辨。要辨別真偽必須找到絕對可信的古物，加以研究，才能找出其特徵，用為準則，以比對新出現的古物。除了有考古發掘報告的東西之外，只有殘器具有明確的可信性。雖然近代仿古器有不少用故意殘缺來欺騙收藏家，一般說來，殘器所值有限，尤其是古玉，完整品與殘器之價值不成比例，有意仿造殘器並沒有什麼意義，特別是精緻的三代古玉。殘器所受傷愈嚴重，其真實感愈強。在吳棠海先生的參考品中，有很多只剩一部分的殘器，有些是破裂因而毀壞了原有造型的器物。其斷裂處可以看到器物的質地，甚至可以進行物理與化學的分析，進一步地求證其來源。

　　第二，可以看出其製作方式。了解古玉的真偽最重要的手段之一，是看它們的製作是否合乎古法。數千年前的古法，今人已經無法判斷了，但是我們可以自古玉的殘器中找到一些痕跡，使我們了解，至少可認識該時代的特徵。很多的古玉殘片不是後人破壞，而是製作有失誤而被丟棄的，如陶瓷窯址出土燒製失敗的作品。玉為美石，得來不易，古人並未隨意丟棄，但保留缺失或無意完成的作品為數甚多。完美的器物雖然也有些蛛絲馬跡，可以看出當年工匠的影子，但到底不及半成品或不擬完成品所留之痕跡明顯而無可爭議。有

商晚期雙鳥玉嵌件，台北故宮博物
院藏。

西周中晚期玉牌連珠串飾，台北故
宮博物院藏。

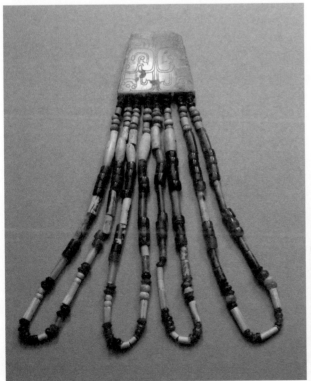

西周中晚期玉牌連珠串飾細部。

些古玉殘件，是工作的剩餘物，如琮璧的孔餘。這類殘件十分少有，因為古人用玉非常簡約，剪裁下來的大多也用掉了。可是少數這種殘餘最容易看出可能的工具，或使用工具的過程，對於日後的仿品就可以明確地辨認了。

　　第三，可以了解其製作過程。古玉的殘件，對於了解古人製作過程的貢獻最為明確。在少數殘器中，有些是工作期間損壞，因而丟棄的；有些是損壞後因材料改造為其他器形的；有些是因需求變更，中途改變設計的；有些是來不及完成，墓主去世，只好以未完成器入葬的。這類器物因不完美，又不適合玩賞，不為收藏家所喜，但卻可自其中揣摩出很多古玉的奧妙。了解製作過程，就可以判別大部分的偽玉，因

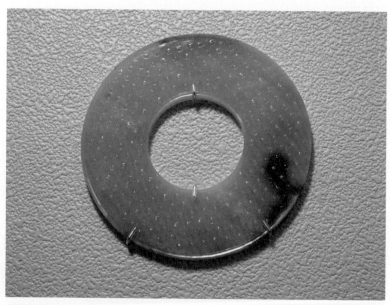

東漢乳丁紋璧，台北故宮博物院藏。

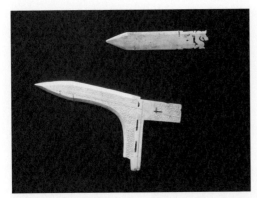

戰國中期玉戈兩件，台北故宮博物院藏。

為後世的仿製者，大多只能依樣畫葫蘆，並不了解古代的過程，所以很容易留下破綻。在吳棠海先生的參考品中，有若干件居然在一件器物上，顯示了幾個步驟。器形製作從解玉到成器，紋樣裝飾自打樣、到粗模、到精工完成，看上去等於是一個娓娓道來的製玉故事，十分動人。其為歷史的證物，實在難得。

　　第四，可以窺知古玉的環境。除了有計畫地發掘所得資料外，古玉多為收藏家把玩，對古玉當時所處之環境一無所知，其功能亦純為猜測。古玉環境最重要的是沁色的影響，沁色被收藏家視為一大奧祕，傳說甚多，很難置信，殘器可以解決一部分問題。有些過去不為盜墓者留意的殘件，仍附著其原器物上，如鐵劍上的璏，不但可以明確地了解其功能，且可推測古玉中鏽沁的來源。玉沁色中為數最多的是白色，古人稱為「雞骨白」，今人稱為「鈣化」。有些殘件部分已完全鈣化，不但表面腐蝕，玉體亦被破壞，西方學者對其環境有各種說法，有人主張屍體分化時造成的化學變化，吳先

東漢龍紋玉珩，台北故宮博物院藏。

西漢晚期玉辟邪，台北故宮博物院藏。

生認為係入土環境產生之玉質內部變化。這些推測，包括大陸學者的火燒說，都是有可能的。但是有了這些參考品可導致正確、合理的思考，進而在實驗室中解決問題。

　　第五、說明紋樣的時代特徵。在吳先生的參考品中，有些是為紋飾而收集的。他收集這類殘器，主要原因是，一、殘器的價錢便宜，他可以保存以供研究，或供收藏家參考，不會造成太多負擔；二、器物中的紋樣有特殊意義，可以說明演化的關係，或為前所少見者，雖不甚殘缺，亦留為參考。這是因為吳先生平日喜歡思考器物紋樣演變，為向收藏家說明，必備有一些器物。這類參考品，一般說來，價值是偏高的。認識古代紋樣，及時代的特徵，是非常基本的。偽造者大多只能就紋樣大體的樣子來製造，他們不明白那些圖樣的原意，所以即使一流的良工，也不免失誤。近年來，有很多古玉收藏家將其寶貴的收藏印成精緻的畫冊出版，但偽品居多。他們如果掌握了那基本的時代特徵，大多數的偽品就不會出現在書中了。

　　古玉為什麼有那麼多偽品？而又為什麼偽品的收藏者始終執迷不悟，無怨無悔呢？**第一，因為古玉是「玉」的造物。**凡是有玉質的材料就可以仿造，而我國人對玉質的特殊愛好，常見玉就認，對是否偽造就不加留意。玉是礦物，古人所開採之玉礦，至今仍然存在，而且使用現代技術，可得到更好的玉材。在基本材質上，古玉與今玉並無不同。偽造者常常掌握了做舊的技術，使不慎的收藏家無從察辨。而品質好的玉，即使年代久遠也不變質，仍保持玉質之晶瑩美觀，分辨尤難。大部分的中國人見了好的玉，已經在心理上屈服了。

明代龍形珮，美國加州洛杉磯
郡立美術館藏。（©LACMA）

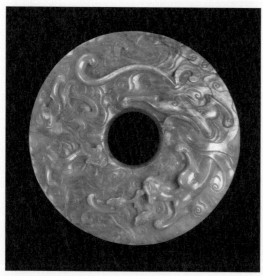

明代龍璧，美國加州洛杉磯
郡立美術館藏。（©LACMA）

　　第二，古玉有一個「古」字。中國人大都好古，喜歡文物的人尤其如此。我國人向來是「讀書不求甚解」的信徒，所以好古泥古者多，但是真正了解古代的人非常少。自古以來就流行著一種看法，時代愈古，器物愈樸拙，所謂古風就是質樸之風。這是完全不了解歷史及工藝技術史的通俗觀點，在宋代，沈括曾指出這種看法不正確，因為他看到古代精工細鑿的器物，但一般人確實相信古的「感覺」。他們相信自己的眼睛，漠視歷史的事實，因此容易為偽造者所乘。大部分的偽品都具有非常古老的外貌——人工的沁色，加上「溫潤」的手感，是偽品成功的主要條件。在這方面，通常偽品比真品還要受歡迎。

　　第三，收藏癖的心障。喜歡收藏的人常常「敝帚自珍」，把自己的東西視為寶物。因為他花費很多精神，把辛苦賺來的錢投在上面，在心理上無法接受其收藏品為偽品的事實。他們非常執著，只能用「執迷不悟」四字來形容。由於這些

東周龍形墜，美國加州洛杉磯郡立美術館藏。（©LACMA）

新石器時代良渚文化玉鉞，台北故宮博物院藏。

新石器時代良渚文化玉刀，台北故宮博物院藏。

人堅定地不肯了解事實真相，而且大力推廣他們的看法，影響媒體的報導，進而誤導了社會大眾。他們被不肖商人所利用。所謂「心障」，是一種意識層面外的蔽障。與宗教信仰一樣，是不屬於理性的，不能辯解的，我認識的朋友中就有這樣的人。他們為偽玉宣導，並不是有心欺騙，實在是背負著文化傳播的重任。只是他們自己不明白而已，與著了魔一樣。試想近年來大陸出版了那麼多考古報告，又印了那麼多精美的畫冊，只要略加比對應該就可以認識真偽，可是對於有心障的人，什麼藥都治不了，只有靠自西天來的一聲獅子吼來振聾發聵了。

　　第四，是貪心。這是收藏家容易犯的毛病，心裡希望有緣收到一些重要的文物，但踏破鐵鞋無覓處，一旦眼前出現類似的東西，就會為貪念所蔽。心想這是上天所賜機緣，不可錯失。尤其是偽品的價值總在真品之下，太便宜了，貪念就更加幾分。由於這一份貪念，很容易分辨的東西，常常被蒙蔽而下了錯誤決定。比如明知在當時並無此特徵，你會解釋也許是另一種特色，尚未為考古家所知。你會說，世上沒見過的東西太多了，何況幾千年前的東西。我就有這種毛病，看一件東西，如果特別精緻的仿品會使我迷糊很久。我一定要離開現場，以它的照片來研究，才能很理性的下判斷。

　　以上這些毛病，總結地說，是中國人「大而化之」的通病有以致之。這一種文化病，要治療是困難的。但是其療法只有一途，就是科學的判斷方法。有了這套方法，大部分的愛玉人就不再憑感覺行事，可以按圖索驥，有了辨認的方向。

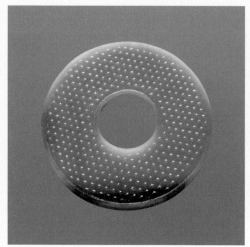

西漢古紋玉璧，江蘇省徐州博物館藏。（© 徐州博物館）

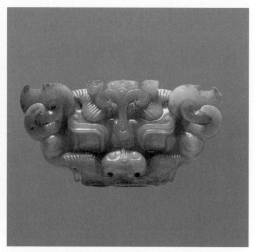

西漢玉獸首，江蘇省徐州博物館藏。（© 徐州博物館）

　　科學的方法是西洋人所習慣的。所以對於古玉的時代，外國人知道的比我們多。已故的哈佛大學教授羅樾先生是中國古物的專家，尤其是玉器的專家。他用科學方法研究、整理三代古玉，在二十年前，大陸剛有大量出土報告的時候，就已能相當準確地判斷時代。除了當時尚未發現的良渚文化之外，其他的器物大多能指出正確的時代，其中的考古發掘報告是最科學的文獻。但這是報告事實，並不涉及時代特徵的研究，與西洋人的研究方法是不相同的。大陸的學者大多不做造型理論推衍的工作，所以他們的報告可以當做研究的素材，尚不能做為判斷時代的依據。因此大陸的專家雖然是飽學之士，要他們對一件文物下真偽的判斷，就使他們非常為難。他們看慣了出土的文物，對於已經知道出土的實況，可以侃侃而談，然而對於游離於市場上的東西，就張目結舌。這是研究方法的問題。

　　科學的研究方法有兩個步驟，**第一個步驟是考古**，要忠

實認真地記錄發掘的資料與年代。這些是研究工作的依據，
沒有考古學上完整的報告，即使是天才也只是臆斷。在大陸
有系統地出版考古報告之前，中國的玉器斷代與形制的理論
可以說都是天方夜譚，十分接近神話。即使是民國二十年前
後，為西人買去的大量出土古玉精品，也很難產生明確的有
學術價值的研究結果。

　　第二步驟就是研判。考古的發掘在時間與空間上找出多
一些可靠的點，沒有點無法連成線，但是把點連成線要一些
想像力與辨識力。大陸的學者較少做這種唯心的工作，這一
步就留待外國學者去發揮了。海外的中國人，包括港台地區
在內，沒有機會接觸這些資料，更沒有機會去從事連線推斷
工作，所以在古玉研究上一直是一片白紙，有之，則是延續
著古來的神祕說，為假古玉的製造者準備廣大的市場而已。

西漢透雕龍鳳玉環，江蘇省徐州博物館藏。（© 徐州博物館）

　　吳棠海先生是從事這種連線工作的人。為古玉的發展連線，是歷史演變的重建，雖然是唯心的，卻是歷史研究不能不使用的方法。如果審慎地使用，與考古所得有同樣的客觀性。學者們雖謙稱為假說，但與歷史的事實非常接近。

　　羅樾教授在二十幾年前研究的古玉上的穀紋之發展就是一個很好的例子。他及在他之前的學者，細心研究周代古玉上的紋飾，就發現了在春秋時期的前後，古玉表面呈現的不規則的紋飾，事實上是一種龍頭或獸頭。奇怪的是，一些粗心浮氣的中國學者，到今天還概稱之為雲紋。這些龍頭在紀元前八世紀到六世紀間，在製作上演化，終於變為戰國時期的排列規整的穀紋器物。

西漢龍形玉珮，江蘇省徐州博物館藏。（© 徐州博物館）

西漢玉鋪首，江蘇省徐州博物館
藏。(© 徐州博物館)

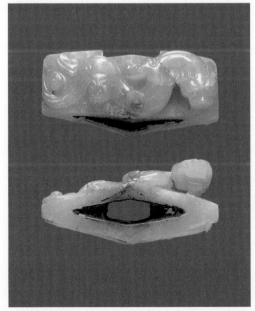

西漢螭龍紋玉劍格，江蘇省徐州
博物館藏。(© 徐州博物館)

西漢玉枕，江蘇省徐州博物館藏。（© 徐州博物館）

到了西漢末期，穀紋進一步改變為六角形，帶有強烈的幾何圖案的色彩。羅樾教授的假說，雖然謙稱有待後人證實，事實上可以說是古玉形制歷史的重要發現。有了這樣的理論，看周代古玉的紋飾就像多了一把放大鏡，觀察古玉，就有一目瞭然之感。他為古玉的神祕感揭開了第一層外衣，令人欽服。

吳棠海先生並不曾讀過羅樾教授的書，也不曾受過美術史的訓練，但觀察古玉的紋飾與造型，有西方美術史學者一樣的細心。他有一種思考的習慣，就是用對照的方法去推想不同的玉器之間的關係。這樣可以為同時代的作品找到共同的特徵，為不同時代的器物找到其差異之處，並且建立時代先後的形制演變關係。羅樾教授在二十幾年前發現的，吳棠海都發現了一次，並解釋給到他那裡欣賞古玉參考品的朋友們聽。近年來，他以筆名寫了不少文章，漸漸為學術界所知。

過去幾年間，由於共同的愛好，吳先生每有所思，常與我討論，每有所得，常先與我分享。他很客氣地說向我請教，事實上是我受益很多，只是在思想方法上，我提供一些意見而

已。就是前文所說的「研判」步驟上，我們可能有一些討論。研判的過程是自很多的參考品中找出一個時代的器物之共同特色，然後為這些特徵的產生尋找工具與技術的原因。可以想像得到，這樣的推論有些是很明確的，有些則只能啟發進一步的想像，論斷無法十分完滿。就是在這種情形下，吳先生與我常不盡同意。一般說來，我在態度上是比較保守的。

舉例說，他非常細心地發現了管狀打孔的製作方法。雖然西人如羅樾教授就留意到這一點，但是吳先生是發現其重要性，用以解釋古玉製造過程的第一人。又如他發現了紅山玉器的主要琢磨工具為砣輪，是前人所未發現的。可是仍有一些論斷只能供愛玉者參考的，是否接受要讀者自己去判斷。

玉的現象，至今仍有很多無法解釋，有待進一步研究。玉的沁色是最大的神祕。古玉中最常見的沁色是白色，今人稱之鈣化。有些標本經長期把玩後會變色，其原因何在？有各種說法，都不能有完全的說服力。另一點是古玉表面的極亮的光澤，亦稱玻璃光者，是怎麼產生的？這些問題都有待學術界繼續努力。

總之，吳棠海先生在蒐集與研究方面的努力，雖然在學術上仍留了些問題，有待解決，卻已揭開了古玉的神祕面紗。到今天，我們已經掌握了足夠的知識談論古玉，可以不必說神話了。然而市面上仍然假古玉充斥，大陸一定有人開工廠大量製造，可憐的台灣愛玉者就大把鈔票地買回來，掌握這些假品的人仍然執迷不悟，而且利用向來就不嚴謹的出版界，印製精美的彩色出版物，推銷這些假古玉。這種誤導的行為所造成的，

西漢青白玉鳳紋雙龍珩，江蘇省徐州博
物館藏。(© 徐州博物館)

不但是愛玉的群眾金錢的損失，而且掩蓋真實，使玉之學蒙
塵。

　　不久前我在《天下雜誌》寫了篇短文，提到假品魚目混
珠，有不少讀者問我要怎麼辦。我想了很久，覺得把吳先生
研究的成果，用他的參考品陳列出來，可以為很多人解惑。
這就是這次古玉展的動機。開始時，我情商吳先生把這些參
考品的一部分讓給「自然科學博物館」的礦物部門，做永久
收藏，吳先生也慨允了。但建館期間，經費不足，就打消原
計畫，而僅向吳先生借展。

　　過去兩年來，吳先生為了這個展覽投入了不知多少精力，
花了不知多少成本，把博物館研究人員應該做的事情，全部
做完了。這次展覽可以說是吳先生過去幾年在古玉上研究成
果的總整理，是中外自有古玉研究以來，所沒有過的，可以
稱得上前無古人。

　　我希望全台灣，甚至全世界喜愛古玉的人都來仔細地看
看這個展覽[1]，讓我們自此揭開古玉的神祕面紗。

編註

1　1994 年 10 月 9 日至 1995 年 6 月 10 日，位於台中的「國立
　自然科學博物館」假第三特展室舉辦「認識古玉特展」，
　從玉器製作工藝技術角度，探討玉器製作的工具過程，故
　展品大多是殘缺的器物，在器表所留下的痕跡，揭露古玉
　的時代特徵及風格，做為斷代參考。展出分為玉質與呈色、
　製作過程與方法、造型製作方法、紋飾演變與製作、形制
　與功能。

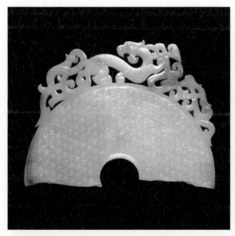

西漢出廓古文殘玉璧，江蘇省徐州博物館藏。
(© 徐州博物館)

西漢玉面罩，江蘇省徐州博物館藏。(© 徐州博物館)

03 中國的青銅文化

要在中國古代器物中找到中國古文化精神的代表，除了玉器之外，就是青銅器了。古人把青銅器稱為金，所以有「金玉滿堂」這句話來描寫富貴的氣象。到了後世，金指的是黃金，金、玉合起來，就顯得滿俗氣的，與漢代以前的文化已有相當距離了。

玉在中國文化中代表特有的價值觀。（漢寶德提供）

如果說中國是玉的文化，同樣也可以說中國是青銅的文化。玉為中國人所獨鍾，發展出的器物，代表中國人所特有的價值觀，影響了中國人的生活與思想觀念。而商周之後中國人所愛好的玉，其實並不產在中國。同樣的，青銅並非中國獨有的材料。在比中國更古老的文化中，青銅早就被發現了，可是世上沒有一個民族像中國人一樣地喜愛青銅，發展出那麼多采多姿的器物，成為人類史上獨樹一格的，很難超越的藝術品。

青銅是什麼東西？與古銅器的青綠色無關。它是一種銅與錫的合金，原本的顏色近乎蒼白的黃色，長年埋藏在土中，經過氧化，會

銅器是中國文化獨樹一格的藝術品。

產生一層青綠色的鏽。我們可以推想，在銅器當行的夏商周時代，並沒有青銅這個名詞，更沒有青的觀念。他們所看到的必然是經過打磨而光亮可鑑的金色。我查圖書資料集成，以驗證我的推想，發現完全正確，該書所錄的資料，最早出現「青銅」二字的文字，是唐代杜甫的一首詩，詩中有兩句：「速宜相就飲一斗，恰有三百青銅錢。」青銅似乎是用來描述銅錢的形容詞。也許因為錢用久了生鏽之故吧！宋代歐陽修詩中亦有「青銅」二字，用以代表錢字。與錢無關的，是宋代蘇軾詩中，「碧海磨青銅」，此處青銅是鏡的意思。

西周中期「邢季□尊」，台北故宮博物院藏。

不論是指錢還是指鏡，青銅不曾為材料的名稱，即使在宋代，今天所謂青銅，仍然以銅稱之。蘇頌[1]的藥書上說，「藥用銅弩牙，以其有錫也」。後世用秦漢古物，銅製的弩機當藥，蘇頌很科學地指出因其中含錫之故。所以當時把青銅稱為銅，而純銅則稱為赤銅。總而言之，青銅是中國人心目中的銅。今天我們使用青銅的名稱，是由西文 Bronze 一字翻譯過來的。為什麼要譯成青銅呢？是誰這樣翻譯的？怎麼開始？我遍查資料不得。以我推想，這種譯名大概是襲用日文的，恐怕要到日本舊書裡找。今天望文生義，總覺得青銅應該是青綠色才對。古代銅器哪有不是青綠色的？所以用習慣了，也覺得很合適，可是中國人仍然以古銅器稱之，很少加一個「青」字的，因為中國的銅器，就是青銅器。在觀念上，這是很重要的。

　　銅雖不像玉一樣地常被比類為君子，至少也有一處是這樣形容的，《漢書·律曆志》上說：「凡律度量衡用銅者，所以同天下、齊風俗也。銅為物至精，不為燥濕、寒暑變其節，不為風雨暴露改其形，介然有常，似於士君子之行，是以用銅也。」與玉有五德比起來，銅只有一德，就是「介然有常」。介是剛強的意思，剛而不變，是君子應有的人生態度，可惜這種行為原則是最不適合世情的。與玉器所象徵的溫雅比較起來，要不合時宜得多了。

　　銅器與玉器一樣，在古文化中，到了漢朝就衰微了。在唐、宋的一段歷史高潮中，銅與玉退居次位。這時候，銅比玉的命運要好些。因為銅與玉的象徵意義，到了漢朝已經末落，但銅器的實用價值開始受到重視。漢代可說是銅器之實用與象徵並重的時代。六朝之後，就漸漸剩下實用一途了。唐宋，尤其是瓷器尚不達朝廷使用標準的唐朝，鍍金的銅器

戰國晚期至漢「錯銀弩機」，台北故宮博物院藏。（© 國立故宮博物院）　漢代銅盉，台北故宮博物院藏。（© 國立故宮博物院）

二，台北故宮博物院藏。（© 國立故宮博物院）

五代秘色青瓷洗，台北故宮博物院藏。（© 國立故宮博物院）

清代紅雕漆方勝盒，台北故宮博物院藏。
（© 國立故宮博物院）

可能是最通常的實用器物。這一點從法門寺[2]的庫藏中可以
證實。五代越窯的秘色瓷出現之後，上流社會以瓷器為尚，
銅器在實用上也衰微了。可是宋代以後，銅與玉的命運互有
消長，此後是玉勝於銅了。北宋之後到明朝初年，中國文化
復古的要求逐漸強烈。

最明顯的是佛教信仰的沖淡，儒家思想與道教信仰的復
興，因此古代的文化特質以一種不同的形態再現。在物質文
化上，漆器與玉又成為中國人生活不可缺少的器物，逐漸
發展到清初的最高潮，漆與玉成為中國文化的象徵，銅器卻
退縮到佛教的信仰圈中，為少數佛像與宗教器物所用，因而
澈底地離開了中國的近代文化。因此銅器代表中國古文化的
精神，卻不可以認為代表中國文化的精神，本文要探討的，
正是這種已經消失了的古文化精神。

歷史上說，青銅起源極早，在石器時代之後，通常要經
過一個銅石混用的時代，那個銅是紅銅，也就是純銅，然後
才是青銅時代，可是中國人沒有這個銅石混用的時代，一下
子就步入青銅時代，大約是在距今四千年前，比西亞晚了近

兩千年。而西洋人很快就使用鐵器，在紀元前 800 年左右，
歐洲就開始用鐵，逐漸進入鐵器時代。可是中國人雖然在戰
國時就知道鐵器，到了漢朝才開始用鐵，而遲至漢末，青銅
仍然是主要的金屬。為什麼中國的鐵器一直沒有充分地發展
呢？中國人太愛青銅了，對青銅的技術掌握得太好了，幾乎
沒有發展鐵器的必要。光看劍這種武器好了，在春秋戰國之
間，銅劍技術已發展到吹髮斷絲的程度，要不是銅的來源有
限，又要用它鑄錢，恐怕中國人永遠都不會用鐵。在整個中

春秋晚期至戰國中期雙環柄首短劍，台北故宮博物院藏。（© 國立故宮博物院）

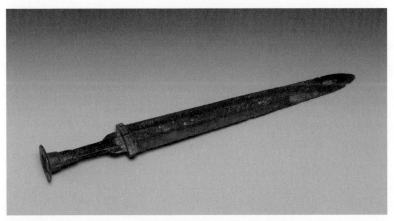

戰國早期越王嗣旨不光劍，台北故宮博物院藏。（© 國立故宮博物院）

國五千年歷史上，有一半以上是青銅時代，而且開始不久就有很成熟的技術，很快達到精美藝術品的境界。到了衰微期，仍然有精美的日常用品，同樣地幾乎可以用藝術品看待。

世界各地習慣使用的金屬是不是與文化有關呢？我想是的。歐洲人大體上同意義大利人基於古典羅馬的傳統，至今仍然喜歡青銅；德國人與西班牙人喜歡鐵；在法國的文化圈中，鐵打製成的飾品如市招、燈架等最為流行；低地國家喜歡黃銅（Brass），因為商業社會喜歡耀眼的光亮吧！

淵源流長的鑄造文化

中國人為什麼在數千年前，一旦發現了青銅這種材料，立刻就能發揚光大呢？論者認為那是因為中國人先有了成熟的製陶技術。青銅這種材料不是用打造或刻造成型的，而是先以塑造成型，再通過製模的技術，鑄造而成。在雕塑藝術中屬於塑，而不是雕。中國的雕塑文化是塑的文化；對於雕，我們的精神都花在玉器的纖細琢磨上了。在大型的造型藝術中，我們偏好塑造，這一點確實與陶器有關，我們自古以來就喜歡玩泥巴，不太喜歡玩石頭。並不是中國沒有石頭，而是我們有很好的泥土，而泥土的可塑性與可玩耍性，比起石頭來要有趣得多了。中國古來沒有一種文化的力量使我們去撼動巨石，刻造型體；世上只有可怕的宗教信仰才能驅使原始人類從事大型石塊的建造與刻製。中國自古以來就是土的文化，這一點不僅表現在陶器的形形色色上，而且表現在建築上。

　　中國的建築以土為主要材料，地下是夯土，牆壁也是夯土，只有屋頂不能用土，而以木與草結合搭蓋，所以古來中國建築被稱為土木。我們以土為材料，除了與西亞同樣擁有良好的土質之外，主要因為土與人的關係是親切的、自然的，具有高度的人文本質。尤其是細部，土工為手之造物，土的質感具有手感。中國的文化起源地並不是沒有可用的石材，可是石材太剛強了，需要團體的力量，加上又很冰冷，不足以與身手相親，我們既沒有一位偉大而無所不在的神要侍奉，就沒有必要建造石的廟堂。這使得先民們把大部分的精神花在陶器的塑造上。在新石器時代，如龍山文化 [3]，陶器製作之精細，已經到了令人驚嘆的地步，用土做一個形，一直可修飾到自己滿意為止，再用土做一套模子，灌入青銅，就可得到想要的青銅器物。在這裡青銅不過是一種方便的材料而已，這種過程至少有幾個長處，是石刻所不具備的：

商代後期守婦簋，台北故宮博物院院藏。（© 國立故宮博物院）

其一，可以先看到完成時的樣子，很適於嚴格的事先品評，藝術家與贊助者間的溝通就可輕易完成，而且可隨時容納第三者的意見，使之趨向於完美。對於石雕與木刻，這都是不可能的，即使是有塑成的小模型，也無法保證刻成後之效果。所以塑與鑄的過程是一種融和各種意見的過程，藝術家不過是執行計畫的技術人員而已，是非常中國式的創作方式；而刻與雕的過程則以英雄式的藝術家主導，他必須受到相當的尊重或信賴，否則其結果是可悲的。這就是西方古希臘時代的雕刻家能名載史冊，中國的藝術家則完全無名的原因。

其二，可以不斷的修改。就藝術家而言，不斷地修改原型是比較有把握表達自己的創造意念的辦法，這一特色對於個性倔強的藝術家而言也許並不重要，但是對於尋求完美的創作者，是比較理想的過程。尤其泥土是便宜而可塑的材料，修改不會造成損失，是中國上古的銅器有雕飾之美的主要原因。中國文化的現實主義的本質自始就呈現了。

其三，製造的過程可以與創造的過程分開。換言之，塑造的藝術家與鑄製的工程師不一定是一人。這兩者都可以由最優秀的專家擔任，不必勉強分擔工作，因此可使成果的品質得到保證，而不會喪失原作品的精神。這樣的過程，使得一件銅器的製作可以由一個行業來支援，使商周的青銅器品質達到藝術品的水準，同時也有精緻工藝的水準。這與古代西方的石刻家必須是石匠出身的情形是大異其趣的。

其四，用空的觀念。西洋古典時代使用青銅亦甚普遍，

而且有非常成熟的藝術品流傳下來，但是大多是純粹的造型；中國古代的青銅器，則以器物為主，所以鑄其型，用其空，自最原始的青銅器開始就掌握到了。到春秋時代，老子寫了那段著名的文字，「埏埴以為器，當其無，有器之用，鑿戶牖以為室，當其無，有室之用。」實際上，中國人在用空的觀念上，最明白地表現在青銅器的鑄造上。

　　青銅器的鑄造程式，在完成了塑造原型之後先製一外模。然後必須毀掉原型，磨除一層，使它變成一個較小的形狀，再鑄造內模。內外模之間的夾縫，也就是被磨掉的那個薄薄的空間，就是我們今天所看到的動人的器物。器物必須中空，而且必須內外整齊美觀，使中國人發展出陰陽交互為用的觀念，是外國人直到最近才覺察得到的。

戰國中期陳侯午簋，台北故宮博物院藏。（© 國立故宮博物院）

有機的「擬生」裝飾

我國的青銅器，雖然也有造型，如犧尊、羊尊等名貴作品，但基本上是可用之器，所以在藝術的分類上不能稱為雕刻，只能稱為工藝品。這些器物之所以動人，乃因其表面之裝飾。即使整個器物為一動物的造型，也只能稱為裝飾。

然而西洋人雖然通常有主要藝術與次要藝術之分，可是面對中國商周的銅器卻不能不感到其動人的表現力，這是一種可以被列為「美術」的工藝品，可以升級為主要藝術了。傳統的西方美學是看不起裝飾藝術的，所以十九世紀以來，以羅斯金[4]為首的有機派理論家，要為以裝飾為主要表現力的中世紀藝術翻案，促成了歐洲 1900 年前後的新藝術運動。這時候的歐洲使裝飾成為藝術精神，同時成名的美國大建築家法蘭克‧洛依‧萊特（Frank Lloyd Wright），因而發展出他的有機建築的理論。

西人「裝飾」一意有兩個字，一是 Decoration，一是 Ornament。前者的意思是外添的飾物，比如總統府在慶典時掛上牌樓式的裝飾；後者的意思是屬於原物不可缺少的裝飾，如衣料上的花紋。所以萊特的有機理論中，強調用後者的裝飾觀。大自然中舉目可見美觀的事物，但這些悅目的東西，都是有生命的，是自內發出來的，與其本體不可分割。中國青銅器上的裝飾，就有這種精神，西洋人看了，感到裝飾與器物的不可分割性。它並不是外在地、毫無目標地放上去的花樣。

戰國中期嵌孔雀石綠松石犧
尊，台北故宮博物院藏。
（© 國立故宮博物院）

明至清初錯金銀雙羊尊，台北
故宮博物院藏。
（© 國立故宮博物院）

商代饕餮紋壺，美國奧勒岡州波特
蘭美術館藏。

商晚期小臣艅犀尊，美國加州舊金山亞洲藝術博物館藏。
（©Asian Art Museum of San Francisco）

　　中國青銅器的造型，原是有用的器物，加上裝飾後，使
器物的性質改變，成為具有宗教意味的藝術品。器物與裝飾
之間的不可分割性，就成為青銅藝術的基本性格，正因如此，
器物因裝飾而神聖化，裝飾因器物而超凡化，如同虎之與皮，
其內在的勇猛與外在的色條飾二而一，一而二的。以器物與
動物造型來說，古青銅器有兩種，其一是整個器物就是一個
動物的模型，其二是動物部分地附屬在器物上，兩者各有特
色。

　　在今天，很難想像古人在造型上所尋求的意義，我們只
能說，原始神祕信仰中，在祭拜的過程裡，動物佔有重要地
位。器物擬為動物，是一種生命內在力量的象徵，與祭拜時
必須殺生，可能出於同一來源。宗教在商周之間有了很大的
轉變，信仰的力量減少了一些神祕與恐怖的色彩，整體動物
的形象在此時出現，除了代表犧牲的意義外，可以看出生命

清代銅象尊，湖南省博物館藏。（© 湖南省博物館）

的嚮往與創造者的關係。生之哲學的出現，與擬生的器物間
是有牽連的。

我們在這些動物造型上，看到人文精神的浮現。恐怖的
饕餮面具不見了，動物可愛的一面令人不禁發出會心微笑。
周代的動物器都是尊，尊是盛酒之器，不必考慮太多功用。
有一座象尊，器身為大象，器蓋為小象，象回首視人的表情，
幾乎可以看到創作者的遊戲心情。有犀牛尊，也有犧尊，雖
然仍有犧牲之象徵意味，但比起商代婦好墓[5]中的鴞尊那種
兇猛的造型，卻是可愛多於恐怖了。我把這種文化稱為亦莊
亦諧的文化，是中國所獨有的生機文化。

戰國早期鳥首獸尊，台北故宮博物院藏。（© 國立故宮博物院）

商代晚期鴞卣。（漢寶德提供）　　　　商代晚期鴞卣，湖南省博物館藏。
　　　　　　　　　　　　　　　　　（© 湖南省博物館）

　　生命靈動的感覺使得祭祀這種嚴肅、可怕與死亡最接近的活動，添了一點生之氣息。中國人開始感到不必活在死亡的陰影下，因此在嚴肅典禮中，帶點詼諧的趣味。只有在中國式的典禮中，才有正經與不正經合流的情形，婚禮就是很典型的例子。由於這一絲生之氣息，中國人在沒有宗教信仰的情況下，進入文明了。

由死而生──持續上揚的人文精神

　　商代的銅器是先民內心恐怖的表現，在安陽大墓中發現的陪葬人群與犬馬，可知他們生活在極度恐怖之中。此時的中國人雖沒有悲劇，卻負荷了一出生就面對的悲慘命運，一個有文明、有技藝的文化，就自然地把這種生命表達在青銅器上了。因此青銅器在外國人的心目中是最受歡迎、最受尊敬的藝術。他們在青銅器中看到中國古代匠師那種恐懼的感覺，是對生命的戰慄的悲劇。中國人用那麼細緻的技藝，高

良渚文化中期玉琮，台北故宮博
物院藏。（© 國立故宮博物院）

商代早期獸面紋觚，腹飾深刻
寬帶獸面紋，台北故宮博物院
藏。（© 國立故宮博物院）

度的審美能力，以一種虔誠的心，來展現自己對生命的感受，最能得到外國人的尊敬。

　　與中國青銅器類似的古文明產物是馬雅的石雕。只是馬雅文明消失了，無法從後世文化中襯托出它的意義；可是中國文明進入周代，這種以死為中心的創作力逐漸瓦解，開始追求生命正面的意義，也就是生之意義。這象徵著人文精神的開始。

　　從紋飾上看，青銅器在商代的飾紋是自饕餮面開始。這是一種很可怕的，以大眼睛與大嘴巴為主要特徵的造型。這樣的獸面自遠古的紅山玉器上就看到了，後來出現在良渚的玉琮上，甚至小型的管子上。這是與中國古文化分不開的一種面具，是恐怖文明的象徵。到了商代，出現的動物形象增多，尤其是龍形，所以恐怖感逐漸降低，生之意味逐漸提高，但是不論多少動物，最終仍然綜合為一個兇惡的獸面，即使原本很溫順的動物，在青銅上呈現的仍然有兇相。舉例來說，鴻禧美術館所藏的商代後期的觚之下部，表面上是很多龍形的裝飾，但是從中線看，對稱的圖案卻是一個兇惡的獸面，這種表現方法是其他文化中看不到的。

　　然而不可諱言的，商晚期對動物造型的興趣，開啟了中國人對自然的愛好，同時也促成了人文精神的成長。在有些器物上，雖然仍脫不了兇惡的獸面，但卻生動地站立了一些動物，如湖南博物館所藏的三羊饕餮紋尊，圈足上是兇惡的饕餮紋，器腹上就有比較生動的羊面，器肩站著三隻小鳥，增加了些遊戲的心情。在佛利爾美術館[6]所藏的鳥獸紋觥上，

商代後期三羊饕餮紋尊，湖南省博物館藏。
（© 湖南省博物館）

商代後期鳥獸紋觥，美國華府佛利爾美術館藏。
（漢寶德提供）

動物甚多，簡直是一個小型動物園，連人都在裡面了。這種
精神瓦解了遠古中國人的恐懼，進入文明社會。有些學者喜
歡用圖騰的觀念來解釋古代圖案。比如龍，可能是蛇圖騰民
族的象徵；鳳，可能是鳥圖騰民族的象徵。說起來很深刻、
動人。可是有時與事實不盡吻合。

　　器物到了周初，裝飾的紋樣，一個最明顯的改變就是鳥
紋大量增加，佔了主要地位。可是與鳥紋同時到來的，是龍
紋。龍在商代並不特別受重視，到周初，龍幾乎與鳥受到同
等重視。因此龍、鳳這樣的主題就進入中國文明了。自青銅
與玉器的紋樣來看，很難分辨出周人是鳥圖騰的民族，或商
人是哪一種圖騰的民族。我所能看出來的，就是器物裝飾的

生動化、趣味化。鳥因會飛翔，是一種比較親切、生動的動
物。周人喜鳥，是對大自然看法的改變，並不一定是圖騰。

　　大家都知道，周初的帝王不再鼓勵喝酒，因此青銅器中
酒器大量減少，增加了食器。酒與食比起來，食比較入世，
比較近人，是滿足食慾，解決現實問題；酒是麻醉物，使自
己脫離現實，得到暫時的超脫之感。到周朝，恐懼感降低，
脫離現實的必要也降低，瘋狂的事少做些，理性的光芒就顯
露出來了。在陝西歷史博物館一件卷體夔紋方座簋上，隱隱
約約還有獸面的影子，可是兩隻夔龍傻傻的模樣太明顯了，
它們還有彎曲的身子，兇惡的意味完全失掉，早期的獸面已
經被支解了。

　　周人很喜歡捲曲的圖案。回字式的卷紋在商初就有了，
但那是底紋，並不顯著。商代後期，盛行折線形 C 字後，夔
龍的角與尾都是大型有力的 C 字。即使彎進去，也不會超過

西周早期卷體夔紋方座簋，陝西歷史
博物館藏。（© 陝西歷史博物館）

西周中期「晨仲壺」，上海博物館藏。
（© 上海博物館）

西周中期「夆莫父卣」，上海博物館藏。
（© 上海博物館）

一圈。龍的尾巴已圈成螺旋形，鳥紋的翅膀也在胸部形成螺
旋形。柔軟的曲線形顯示中國人的性格開始軟化了，同時也
開始了中國長達兩千年的鳳的文化。西周中葉以後，鳳的形
狀開始軟化為一個圓圈，此時的玉器有很多圓形鳳紋，銅器
上亦甚普遍，予人以輕靈愉快的感覺。最有趣的例子是上海
博物館的夆莫父卣[7]。其實這個時代，不但是鳳紋，即使是
開始很難辨識為何物的獸面，也轉變為一些曲紋組成的裝飾
紋樣，完全沒有商代那種可怕的模樣。為裝飾而裝飾，也就
是為美感而裝飾的線條出現了，這代表人文化的完成。到西
周晚期，這種情形更為明顯。

　　由於圖案象徵的要求降低了，裝飾圖案就簡單化。直到
春秋之時，圖案以新面貌出現，而春秋時代至於戰國任何青
銅器物上都包被了細緻的紋樣，不論是獸面或龍形，一切都
是造成華麗印象的裝飾而已。這時候，在早期歷史中代表驅
鬼意義的造型，都已統合在裝飾華美的設計之中了。這時候，

立體的裝飾少了，表面的裝飾成為主流。為了細緻唯美的裝飾，春秋中期就成熟地發展了「失蠟法」。中國人對青銅器的製作方法與對器物的認識，就進入一個新階段，由「失蠟法」的發明，加上戰國時期發展出的金銀錯，中國的青銅器就完全人性化了。這時候，青銅已經是非常可愛的器物了。

失蠟法雖然是為細緻裝飾而發明，但其裝飾繁雜細密，未必令人愉快。春秋到戰國初期，銅器的表面布滿了與玉器相同的簡單花紋，但玉器甚小，且溫潤上手，同樣的花紋用在青銅器上，卻未必產生同樣效果。至於曾侯乙墓[8]中發現的大件銅器，有繁雜的穿空的虺龍紋表面，顯示製造的技術非常成熟，工匠的創造力可觀，但卻同時透露出南方初次受中原文化影響的民族，仍未脫野蠻的信仰，是有些恐怖感的。可是同樣的主題使用在玉器上就不相同了。

春秋帶蓋瓠形壺，台北故宮博物院藏。（© 國立故宮博物院）

曾侯乙墓發現的大青銅罐。（Wikimedia Commons, ©Cangminzho）

　　一直到戰國中期，嵌鑲金銀錯發展成熟，人性化的過程才全面完成。由於玉器的影響，在春秋時期青銅的裝飾已經趨於平面化，呈現簡單大方、溫文儒雅的造型，如上海博物館的蟠蛇紋鼎，在視覺上不夠有吸引力，但敦厚近人之風已經形成。而金銀錯則把平面裝飾進一步發展到親人的程度。金銀錯的特色是表面光滑。因為磨光是此種裝飾手法必經的步驟。因此這時候的高級青銅不但看上去富麗堂皇，而且可以上手，也有使人有意上手的吸引力。這樣的銅器已經成為上流社會生活中的一部分了。近來發掘的戰國銅器，其中很多金銀錯的物件，大小均有，不甚知其用途，但有一點非常明白的，就是這些器物必然是日用的，時常為手所握持的。金銀錯，尤其是銀錯，在空氣中會受氧化而變黑，失去明亮的光彩，若欲保持亮麗，必須經常摩挲。一種可能是由下人負擦拭之責，一種可能是經常使用，如手杖之柄。不管是哪種情形，器物與人的關係都是十分親密的，銅器到了這個階段，已經是生活的一部分了。

　　戰國時期銅器人文化的另一個特徵就是動物生動化，這是與圖案平面化同時到來的。表面的裝飾走向平面，特別突出的部分走向立體，這是一種對比的手法，自春秋時期就開始了。上海博物館的吳王夫差鑑上，表面是細紋裝飾，兩邊卻爬著兩隻生動的尖角龍，好像努力攀上沿口，看看鑑中有什麼東西可供飽餐。這種龍不但不恐怖，而且是可愛的。中山王墓⁹中發現的動物，通身有金銀錯裝飾，即使是虎豹，你也想撫摸它一下，已經完全生動化了。

　　這與我國造型藝術的發展是相關聯的，自是而後，到了

西漢錯金銅豹，河北省博物館藏。（© 河北省博物館）

上海博物館的吳王夫差鑑。（© 上海博物館）

漢代，器物就全然功能化。此時以鏡與壺、盆等為主要產物
就不足為怪了。有時候，漢代銅尊的支腳，生動可愛，本身
就是很好的藝術品。可是，這已經是中國青銅文化的尾聲了。

銘刻於器的永恆紀念

我國的銅器與其他文化最大的不同，就是它的紀念性。
它在中國文明中所肩負的文化任務是特別突出的，不能不特
別加以強調。大凡一個重要文明的開始，宗教的影響力強大，
對生命的起源與結束產生敬畏的感覺，藝術上就發展出紀念
性這種特質。紀念性是對生命短暫的抗拒，是希望把有限的
生命延長到永恆的一種努力。因此紀念性表現出來的形式常
常是廟宇與陵墓。在西方文明中，建築是紀念性藝術的總匯，
因此金字塔與神廟之類的建築遂成為後世所景仰的古代文明
象徵，彷彿古文明人類存在的目的就是建造這些龐然大物，
而成千上萬的人因為這些建築而喪命。

中山王墓錯金銀虎噬鹿屏風座，河北省博物館藏。（© 河北省博物館）　　蟠蛇紋鼎，上海博物館藏。（© 上海博物館）

紋鏡，台北故宮博物院藏。（© 國立故宮博物院）

戰國三龍紋鏡，台北故宮博物院藏。（© 國立故宮博物院）

中國上古文物與西方文明比較起來，並不見得仁慈。我們知道商代的陪葬風俗，可知在上者對待民眾及其下人是很野蠻的，而且可以推論他們對生命結束的恐懼也不亞於西人。但是在藝術上，中國沒有產生其他古文明中佔重要地位的石造紀念性建築。這不表示中國人不需要紀念性，只是古人對生命永恆感的渴望沒有昇華到建築藝術上。在最具有紀念性要求的商帝國，所建的並沒有神的殿堂，其遺址不過是一坏黃土幾塊亂石柱礎而已。中國人完全沒有在石塊上動紀念性的腦筋，使考古工作者的發現，無法與其他古文明，如埃及、印度，甚至印地安文明那樣動人魂魄。中國人是鬼的文明，它的永恆性都埋到地下去了，這是因為把陰陽兩界分得很清楚的緣故。

中國人是文字的民族，在龐大的地下宮闕，成群的殉葬人畜之後，當紀念性的要求逐漸使人文性提昇的時候，中國人沒有在建築與雕刻藝術上求表現，反而轉為使用文字的紀錄，以求留諸萬世。怎樣使文字紀錄不被破壞呢？他們找到的是青銅的祭器，因為青銅是不易破壞的。到今天出土的周代青銅器，為數非常可觀，有銘文的比例更是相當高。可以想到在當時，即人文的曙光初現的周初，貴族們在鑄銅器的時候，就有用之為傳世的念頭，銘文的內容很廣泛，依照上海博物館的研究，可以分為以下幾類：

一、**政治大事的紀念**。古人以祭典與出兵為國之大事，其成果要予以紀念。同時，周代為封建帝國，分封諸侯，無以為憑，銅器之紀念性恰可達到此目的。這類的銘文包括（一）祭典的紀錄，（二）征伐的勝利或事實經過，（三）諸侯的分封。

作為祭祀重器的商後期「乃孫作祖己鼎」，台北故宮博物院藏。（© 國立故宮博物院）

二、王命與條約的記錄。在周代，王侯有重要決策，為求永誌不忘，要大家遵行，在銅器上鑄有銘文，流傳後世。這類銘文包括：（一）命令某些官員管理某些事，即官員的層級制度方面的決策；（二）王侯賞賜下屬，也是家族的重要榮譽。

三、貴族之間重要事件的法律憑證。當時各侯國之間的糾紛不斷，每有重要協議，或經上級法律解決，也立銘存記。這類銘文包括：（一）土地的買賣；（二）糾紛訴訟的結果；（三）婚姻的紀錄。

表面上看起來，似乎這些帶有銘文的銅器只是一些不會損壞的文書，與紀念性的意義尚有距離。其實銘文紀念性的意義實在大過文書意義：

第一點，這些文字的後面總是以「子子孫孫永寶用」的字樣作為結束。這等於擺明了是要後世子孫牢記的意圖。

第二點，這些銘文的文字是大篆，今人稱為金文，是中國古文字中非常重要的一個階段，使用達八百年之久。而銅器上的文字書寫得非常華麗，是一種非常成熟而且具有職業標準的文字，這樣的字不可能在日常中通用，可知是一種紀念性的字形。我孤陋寡聞，一直揣摩不透這種文字是怎麼做上去的，由於文字是凹文，最可能的方式是在器物的原型上刻字，那麼這些字是用工具直接畫在泥模上。可是筆劃非常俐落有力，刻畫者不但要有書法家的功力，而且技巧要很高明，否則達不到這樣動人的效果，我認為必然在政府中有專人職司其事。

第三點，確有一些器物上的銘文是專為紀念而鑄，而且只是為紀念而紀念。我收藏的一件西周末年的盆，小巧玲瓏，表面有春秋時代的紋飾，精緻可觀，而中間的銘文只是簡單的說明，這是精心製作的器物，希望後代寶用而已。如果沒有紀念的觀念，一個文明很難自野蠻中呈現出文化的光輝。

青銅器的紀念性最使我感動的一點，就是其銘文的重要性與其器形無關。在今天想來，重要的銘文應該出現在重要的器物上。大型的鼎應該有特別好的銘文才對，因為紀念大事當然應該慎重。可是事實上，很多體型大或形制美觀的重要器物，可能完全沒有銘文，或只刻了某人作之字樣，而頗

記錄周武王伐商的利簋，北京中國國家博物館藏。
（Wikimedia Commons, ©Siyuwj）

利簋的銘文。
（Wikimedia Commons, ©Siyuwj）

西周德鼎，上海博物館藏。（©上海博物館）

有歷史重要性的銘文，常常出現在不太重要的器物上。為什麼會有這種情形，我們實在不得而知。

　　只能說，在商末、周初，銅器作為祭祀用器或貴族的日用器，是經常製作的器物，其器物之鑄造與紀念之事件並無一定的關係。遇上重大事件，恰巧與鑄造工作相配合時，就把銘文刻在上面，比如周武王的兩段重要銘文，一為記錄祭典，一為記錄伐商之時間，都是銘在簋上。簋這種器物是有圈足的盂子，帶雙耳或不帶雙耳，在形式上並不是很有紀念性，卻負有這樣重要的任務，記錄征商的利簋，口徑不過 22 公分，可是上海博物館的德鼎，則有 84 公斤重，高 78 釐米，是周成王時代所鑄，其造型穩重高貴，其銘文不過記載著成王賜德廿串貝而已。又如著名的散氏盤 10，那麼多的銘文，卻刻在一個顯得淺薄的盤上。當然，也有重器刻重文的例子，如西周早期的盂鼎，是康王記述開國經驗與告誡不得酗酒的重器。

　　總之，青銅器就是中國人的紀念物。青銅加銘文，就是古代中國相當於西方文化紀念建築與雕刻的藝術。因此就紀念而言，中國文化比起西洋來要「文」得多。因為我們是靠文字記載，靠器物流傳。中國人早在漢代就開始以發掘古鼎感到驚訝了，所以漢武帝就有因獲古鼎而改年號的情形。青銅的紀念性實在驚人！由於這樣的傳統，中國人到了不再以青銅為紀念物的秦漢，仍然不在建築上尋永恆。他們找到另一個替代物，那就是大自然中的山。山是不會傾陷，不會消失的，因此封泰山，在岩石上留字就成為帝王最重要的紀念物。在山石上留字為念就成為中國人文化的特色了。

密不可分——禮與青銅器

　　到今天，青銅器一般被認為與古代的祭禮有關。可是究竟器物與古禮有怎樣的密切關係，並無明確的研究，然而我認為這種不明確性只是形式上的，在精神上，青銅等於禮，幾乎是可以肯定的。我們可以根據世界文明史的發展來認定，中國古代，尤其是晚商的青銅器，已經與祭典發生絕對的關係了。祭器的形狀是自日用陶器演變來的，所以青銅器是一種比較考究的陶器，用在日常生活中。或為炊器，或為酒器，或為食器。由於青銅在裝飾性與紀念性上的獨特價值，逐漸用來作為祭器之用。可以想像，在爵的形式不再能用來喝酒的二里頭時代，青銅祭器的傳統就已開始。

商畢龜爵，台北故宮博物院藏。（© 國立故宮博物院）

商後期口丁簋，台北故宮博物院藏。（© 國立故宮博物院）

商後期鉤連乳丁紋羊首罍，台北故宮博物院藏（© 國立故宮博物院）

東周春秋中期「寬兒鼎」，台北故宮博物院藏。（© 國立故宮博物院）

春秋「蟠虺紋鼎」，台北故宮博物院藏。（© 國立故宮博物院）

戰國「弦紋鼎」，台北故宮博物院藏。（© 國立故宮博物院）

西漢食官弦紋鼎，台北故宮博物院藏。（© 國立故宮博物院）

　　後來的發展是完全可以預期得到的。一旦成為祭器，器物的裝飾愈來愈華麗，其形制愈來愈大，使用的材料與技術愈來愈繁複，早已不是一般貴族所可負擔了。在近年出土的文物中，仍有不少鼎一類的器物有使用過的痕跡，可是在時代上，反而都是較晚的周中期以後的東西，形制比較簡單，造型比較不太考究。可以推知青銅器作為實用器仍然存在，只是它是不同等級的器物，真正精良的製作，應該都是為祭典而做的。在晚商，祭器的造型與紋樣，可以反映當時的祭典還是野蠻的，屬於對鬼神的禮拜。到了逐漸人文化之後，禮教因而產生，首先是自鬼神的禮拜，發展為祖先崇拜，藉著對死後世界的想像，發展出一套獨特的信仰，由信仰發展為禮俗。禮，遂成為文明的象徵。

　　在祭祖之外，就是對不可測的大自然的崇拜，也就對神的崇拜。祭天是中國特有的，因為我們沒有發展出正式的人格神的系統。所以直到近代，天壇仍然是中國政治制度中最重要的設置。這些祭典，為求慎重，都有一定的「禮」來完成。有禮，就有禮器，禮器就是行禮時的道具。我們有理由相信，晚商之後的青銅器，大多是禮的道具。雖然銘文上不少「永寶用」的字樣，似乎是有用之器，但既然具有相當的紀念性，就不可能真正作為器用。

　　禮器與禮是相輔相成的，與禮的儀式相同。所以古人的著作中很重視禮器，甚至誇張了禮器的意義。如玉器中的璧與琮一直被古人視為禮器，直到今天除了確定為陪葬器外，還找不到祭天禮器的證據。

宋朝獸面紋鼎，台北故宮博物院藏。
（© 國立故宮博物院）

北宋「政和鼎」，台北故宮博物院藏。
（© 國立故宮博物院）

　　禮是人文思想的催化劑。雖然有學者認為祭祀在人文思想發達時即開始衰微。所以古人有「明器鬼器也，祭器人器也」之說。人器，是指人使用的器具，也就是青銅製禮器。禮，通過禮器，達到人文化的目的。由於禮，倫理的觀念，尊卑的秩序才能發達，而野蠻的習俗逐漸因「尚文」而減少。到了西周末期，喪葬殉人才大量減少，顯示禮樂制度的成熟。

　　自禮發展出儒家的「慎終追遠」的喪禮觀，而產生人性為本的禮制觀念。喪禮的觀念是「孝」。祭天的禮儀在周代發展出「敬」的觀念，進而對人的行為有自我控制的要求，這時禮已達到人文精神的極致。

　　到了漢代，一方面中國的禮制觀念已深植人心，成為民族的特質；另一方面，禮的形式則遭遇到道家與佛家的挑戰，社會的平民化自然也有重大影響，致使青銅支配的時代終於結束。禮在日常生活中的重要性漸漸降低了。也可以說，當青銅禮器在中國歷史上消失時，也就是正式的禮制喪失的時代。禮與青銅器的不可分割性就不言可喻了。

　　青銅器的衰亡，也就是封建制度的衰亡。中國上古文化中的精神，如誠敬之念、忠義之心，慎終追遠之情也逐漸淡薄。這些話仍然充斥於中國的文獻典籍中，但少了嚴格的禮制規範，加上佛教非禮的出世思想一再侵入民族思想行為中，這些話所代表的精神卻逐漸在中國人的行為中淡化了。

南宋至明「內言卣」,台北故宮
博物院藏。
(© 國立故宮博物院)

明晚期文王方鼎,台北故宮博
物院藏。(© 國立故宮博物院)

附錄：《認識古代青銅器》序

　　青銅器是中國古文明的重器，是代表中國古代物質文化最高峰的器物，不論是技術上的成就，或藝術上的創造，都已登峰造極，不但世無其匹，而且後無來者，確實是中國人萬古不移的驕傲。然而做一個中國人，對於自夏末到東周，近兩千年的青銅器又知道多少呢？

西周卣，美國西雅圖亞洲藝術美術館藏。

　　去年（1994）秋天，自然科學博物館推出「認識古玉」特展，一時轟動。我們以科學的方法、科學的角度介紹文物，不同於一般藝術類博物館的文物展出，引起觀眾相當的回響。這時候，我們就很希望繼古玉器展之後，介紹上古的青銅器，使觀眾進一步認識中國古代文明。

　　年底適有大陸博物館長組團訪台，上海博物館館長馬承源先生在本館演講，介紹該館的重要收藏，主動提到為了促進兩岸交流，在新館落成開幕之前，願免費提供藏品在本館展出。馬先生是大陸最著名的銅器專家，上海博物館的青銅器是大陸最有特色的收藏，曾在全世界各地盛大展出，他慷慨地承諾，使我們立刻決定抓住機會，做一次有聲有色的展覽。為了促成這次展覽，我於二月間去了一趟上海，蒙馬館長及陳副館長佩芬熱情招待，並參觀了大部分將來台展出的器物，進一步瞭解該館的收藏，簽訂了初步的協議，返台後就擬定了幾個基本的展示原則，積極進行籌展事宜。

　　上海博物館的青銅器有幾大特點：一、種類齊全，自夏末到漢初，重要的類型幾乎都有代表性的標本。二、品質極高，各種類型中都有很精緻的收藏品，其品質可以與世上最好的藏品相比。三、資料完備，上海博物館不只是蒐藏單位，青銅器的研究領先全國，而且多次在世界大博物館展出，因此對藏品的研究非常透澈。這三個條件正是辦好一次科學性青銅展的基本條件。但遺憾的是此次展出的籌畫太匆忙了，限於年底前要回到上海的條件，本館工作人員無法對展出的內容予以徹底消化，因此也無法以最理想的展出方式呈現在觀眾面前，只有盡其可能，不辜負馬館長的善意與廣大觀眾的熱切期待。

　　這次青銅展是兩岸文化交流歷史性的一步。兩館間的直接溝通，乃至海基、海協兩會之間的正式協議，都建立了模式。沒有海基會的支持，我們沒有辦法突破種種阻隔，在這麼短的時間內推出這個展覽，希望未來兩岸文化交流的管道可以更加暢通。

　　本書《認識古代青銅器》的出版，要再度感謝馬館長的充分支持。上海博物館在海外展出，出版過幾本精美圖錄。本館原同意出版圖錄，然而科學博物館的展覽，必須有教育性的出版物，乃由陳副館長執筆，把這本圖錄寫成一本書，由藝術家出版社負責出版。書中的圖片與拓本都是上海博物館提供的，希望讀者們珍惜。

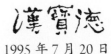

漢寶德

1995 年 7 月 20 日

編註

1　按「維基百科」：蘇頌，宋天禧四年（1020 年）出生於福
　　建泉州同安縣葫蘆山（今廈門市同安區），博學多才，為
　　官清正。他在科學技術上的成績，勝過了他的政績。《宋
　　史‧蘇頌傳》稱他精通「經史、九流百家之說，至於圖緯、
　　律呂、興修、演算法、山經、本草，無所不通，尤明典故。」
　　1101 年，蘇頌病逝，享年 82 歲，諡號「正簡」，封贈「太
　　師魏國公。

　　　　一生最大的貢獻在於複製水運儀象台，在天文與機械
　　製造方面攀登了十一世紀的世界高峰。「水運儀象台」是
　　東漢張衡所創製的天文儀器，可惜已失傳。唐代天文學家
　　僧一行、梁令瓚複製，後又失傳。1088 年，蘇頌應用自己
　　豐富的天文、數學、機械學知識，組織科學家韓公廉、周
　　日嚴等，著手進行複製，於 1090 年複製成功，把天文觀察、
　　天象演示、自動報時集於一機，將漢、唐「水運儀象台」
　　的功能與製作水準大大提高。

　　　　西元 1094 至 1096 年，蘇頌寫了《新儀象法要》三卷，
　　詳細介紹水運儀象台的設計及使用方法。

2　按「維基百科」：法門寺，又稱法雲寺、阿育王寺，位於
　　中國陝西省寶雞市扶風縣城北 10 公里處的法門鎮。始建於
　　東漢末年桓靈年間，距今約有一千七百多年歷史，有「關
　　中塔廟始祖」之稱。

3　按「維基百科」：龍山文化是中國新石器時代晚期的文化
　　之一，又名「黑陶文化」。1928 年因山東省濟南章丘區龍
　　山街道城子崖遺址的發掘，被人們發現；分布於黃河中下
　　游，包括河南禹州的瓦店遺址。黑陶是龍山文化的特徵，
　　是區別仰韶文化的特點。龍山文化的黑陶是繼仰韶文化的
　　彩陶之後興起的一種製陶技術。黑陶源自於人們的生活用

器，而後由於質地易碎，逐漸走出日常生活；如今，黑陶被作為藝術品供人們欣賞，龍山文化的黑陶尤其著名。

4　約翰・羅斯金（John Ruskin, 1819-1900）是英國藝術與工藝美術運動的發起人之一，英國維多利亞時代的藝術評論家之一，是藝術贊助家、製圖師、水彩畫家和傑出的社會思想家及慈善家。寫作的題材涵蓋地質、建築、神話、鳥類學、文學、教育、園藝學、政治經濟學等。

5　按「維基百科」：婦好墓即殷墟五號墓，是一個商代後期的封建領主貴族墓葬。由考古學家鄭振香、陳志達等，於1976 年在河南省安陽市小屯村西北，殷墟宗廟宮殿區附近發掘出土。由於婦好墓是殷墟發掘五十年來，唯一保存完整，未經擾動的王室墓葬，也是目前唯一能夠跟歷史文獻和甲骨文聯繫起來，並進而推定具體墓主的殷代墓葬，因此對瞭解商代後期（約當西元前十二世紀前半葉）的歷史文化考古研究，有著重要的學術價值。根據其形制和銅器銘文中「婦好」和「司母辛」所佔的重要地位，一般認為死者應是甲骨文所載商王武丁「諸婦」（嬪妃）之一的婦好，即祖庚、祖甲的母輩「母辛」。墓室有殉人 16 人，出土器物 1,928 件，包括 468 件青銅器，755 件玉器以及 564件骨器，另有將近 7,000 枚海貝。青銅器有不少紋飾華麗的大件器物，以禮器和武器為主。禮器有炊器、食器、酒器、水器等。有「婦好」銘文的鴞尊、盉、小方鼎各一對，司母辛銘文的大方鼎、四足觥各一對。尤以三聯甗、偶方彝造型最為奇特。

6　佛利爾美術館（Freer Gallery of Art）位在美國首都華府，是史密森博物學院轄下的博物館之一，與亞瑟・M・賽克勒

美術館（Arthur M. Sackler Gallery）共同構成典藏亞洲藝術之博物館。

7　「夆莫父卣」通高 22.9×口長 12.7×口寬 9.2 公分，橢圓形，直口垂腹，矮圈足沿下折，蓋兩端有犄角，捉手作圈狀，頸部有環紐套接獸頭提梁。提梁飾蟬紋，蓋和器腹飾垂冠回首大鳳鳥，頸有浮雕牛首，兩旁飾回首卷尾鳥紋，均以雲雷紋填地。今藏於上海博物館。卣乃古代盛酒器。古文獻和銅器銘文常有「秬鬯一卣」的話，秬鬯是古代祭祀時用的一種香酒，卣是專門盛這種香酒的酒器。是盛酒器中重要的一類。橢圓口，深腹，圈足，有蓋和提梁；腹或圓或橢圓或方，也有作圓筒形、鴟鴞（貓頭鷹一類的鳥）形，或作虎吃人形等。主要盛行於商代和西周。

8　曾侯乙墓是戰國時期曾侯乙的一座墓葬，呈「卜」字形，岩坑豎穴木槨墓。位於湖北省隨州市城西兩公里的擂鼓墩東團坡上。曾侯乙墓中出土了大量精美青銅禮器、樂器、兵器、金器、玉器、車馬器、漆木竹器以及竹簡文物多達 15,404 件，有許多造型奇特，工藝精湛，是前所未見的珍品，其中有 8 件定為國寶。

9　中山王墓是河北省平山縣出土的戰國時期中山國陵墓，中山國是春秋戰國時鮮虞仿照東周各諸侯國建立的國家。1974 年河北省文物管理處在平山縣上三汲鄉的南七汲村發掘一號、三號、四號、五號和六號等戰國時期墓葬，出土為數龐大的車馬坑與陪葬墓，並同時發現中山國的都城靈壽古城，發掘出的文物都具有北方民族文化特色，與戰國晚期的趙國、魏國文物相近，但又出現許多反映遊牧民族的帳幕構件、具有明顯北方少數民族文化風格的青銅飾品。

10　按「維基百科」：散氏盤也稱散盤，是西周屬王年間以「塊

範法」鑄造的青銅器皿，是中國最早的土地契約，書體也
開草篆之先，佔碑學體系重要位置，為晚清「四大國寶」
之一，收藏於台北國立故宮博物院。盤高 20.6 公分，腹深
9.8 公分，口徑 54.6 公分，盤底直徑 41.4 公分，重 21.312
公斤，盤附雙耳，盤腹飾有夔紋及獸首，高圈足上則為獸
面紋飾。散氏盤腹內鑄有 19 行，357 字銘文，記載矢（音
「側」）國侵略散國的田邑，後來議和， 國割田地賠償散
國。和議時， 國派 15 名官員進行土地的交割事務，散國
由 10 名官員來接收，在周天子派來的史正仲農監交之下，
兩諸侯國訂立協約，成立交田的正式契約，田界契約內容
便鑄刻銘文於盤內，成為宗邦重器。

戰國銅壺，美國加州史丹福大學美術館藏。　商鼎，美國加州史丹福大學美術館藏。

04 青銅器中的童趣

散氏盤中的文字 1。

西周晚期散氏盤，台北故宮博物院藏。

　　古老的青銅器與小孩們好像永遠連不起來似的。想到青銅器，自然想到歷史博物館那幾只看上去百公斤的大鼎，想到像一個大平底鍋子樣的，故宮的國寶散氏盤。孩子們也許會在教科書上看到幾張圖畫，可是要他們發生興趣，幾乎是不可能的。兩、三千年的東西對小小的心靈來說實在太遙遠了。不但孩子們感到陌生，大人們又好到哪裡呢？

　　古代青銅器給我們的印象不外兩點，其一是怪異的形狀，其二是上面的文字。過去的讀書人除了對有政權象徵的大鐘大鼎有興趣之外，幾乎只對文字有興趣，因為文字不但與古文字的學術有關，而且還有史料，對古怪的器形幾乎都存而不論。散氏盤就是因為文字特別多才有名的，可是自今天看來，器物的形狀值得我們認識的內容太多了。

　　很多年前，我在外國博物館第一次看到動物形狀的青銅器，心中升起很多疑問。學者們都認為青銅器是禮器，應該是大型的飲、食用器才對。要做得考究，表面可以有裝飾，

銅象尊，湖南省博物館藏（© 湖南省博物館）

西周頌壺上的動物圖案，台北故宮博物院藏。

商末周初亞醜方彝，台北故宮博物院藏。

但做成動物的樣子是為什麼呢？我記得有件東西是一隻大象，它背上的蓋子上則有一隻小象，看起來很逗趣可愛，這忽然使我誤以為是當時孩子們的玩具，後來才知道，這類動物造型器一律稱為尊或彝，其意是盛酒的容器吧[2]！可是用做酒器，杯子樣的觥與觶比較便於傾倒！為什麼要做成動物的樣子？如果我們觀察商周的青銅器，發現他們禮器上的裝飾都布滿了動物的形象。即使整個器型不是動物，也盡其可能地在腹上、腿上、耳上、口沿，使用動物的圖案。甚至鐫出動物的頭部，突出於表面。可見動物在先民的心目中是有神靈的，透過生靈的形象可以接近鬼、神世界。

先民的心靈是黑暗又神祕的，但是與童心之間並沒有多少距離，否則怎麼會做出那麼逗人的造型呢？看青銅器上的動物圖案，最可怕的是獸面。相信這是用來嚇走惡鬼的，所

戰國早期鳥首獸尊，台北故宮博物院藏。（© 國立故宮博物院）

東周臥虎支架，美國聖路易美術館藏。（©St Louis Art Museum）

以大部分的器型上都有獸面為主要圖案。獸面的兩隻大眼睛是容易辨識的，可是到周朝，設計師就設法把獸面支解，耳朵、兩腮等都變成一些小動物。如果沒有童心，怎可能有這樣有趣的組合呢？

設法調整自己的心思，以童年的想像來看青銅器，好像處處都充滿了生氣。試想今天的兒童喜歡些什麼？不是萬事萬物都可以生靈化嗎？在孩子們的眼裡，世界是一個大偶戲團，漫畫與動畫的流行，正回應了孩子們的想像。在我看來，這與先民的想像是相通的，他們製造了動物型的青銅器來娛鬼神，其實是以人心來度鬼腹，以為可以使鬼神高興，因此得到祂們的保佑。

做成牛的樣子叫做犧尊，做成雞的樣子叫做雞彝，其實是高貴的玩具。它們的大小都可以雙手捧持，仔細玩賞；身上則布滿了動物的形象，好像孩子們玩的貼紙一樣，有些有意義，有些完全只是遊戲。我相信是沒有深意的，只是想盡辦法讓它活起來，讓想像力飛升，這就是孩子們的興趣所在。青銅器像一群小精靈附體的東西，我的意思是，你把青銅器當玩具看，也許比學者專家們更能認識它們的真精神呢？[3]

——《聯合報》副刊，2006/5/24

東周後期綠犧尊，美國華府佛利爾美術館藏。（©Freer Gallery of Art）

漢代羊形銅鎮，台北故宮博物院藏。（© 國立故宮博物院）

戰國中期銅犧尊，台北故宮博物院藏。

牧童騎牛，湖南省博物館藏（© 湖南省博物館）

豬尊，私人收藏。

周代牛尊，上海博物館藏。（© 上海博物館）

編註

1　按「維基百科」：散氏盤也稱散盤，是西周厲王年間以塊範法鑄造的青銅器皿，散氏盤腹內 357 字銘文記載著中國最早的田界契約，是研究西周土地制度的重要史料，其書法字形寬綽大器，意拙高古，取橫勢；結構上變化多端，有趣味，整體重心較低（導致橫勢）；章法上行列比較有序，兼有欹側之感；風格上顯雄壯、粗實、道厚、豪邁的特徵，有別於商、周同時期金文體勢，書體開創草篆之先，在碑學體系中極具分量，對後世書法家如鍾繇書法點畫的厚重感和結體橫向的字勢，王獻之書法章法上的欹側感等，都產生了間接性影響，故列名晚清「四大國寶」之一。

2　按故宮博物院出版的《商周青銅酒器特展圖錄》，其中由陳芳妹女士所撰〈商周青銅酒器析論〉，依照功能將酒器分為四大目十三類，分別是：
甲：飲酒器──1. 觚、2. 觶、3. 觥；
乙：注酒器──4. 爵、5. 盉、6. 觥；
丙：盛酒器──7. 尊、8. 卣、9. 瓿、10. 壺、11. 方彝、
　　　　　　　12. 罍；
丁：把酒器──13. 勺。

漢代金銀雲紋銅兕觥。
（Wikimedia Commons, ©Babestone）

商代鴞卣，山西博物館藏。
（取材自 China Online Museum）

3　此文是配合宗教博物館的「爵鼎聰明——青銅器兒童教育展」所撰寫。宗教博物館規劃了五個展區，第一區以可愛的卡通角色引導，由擬人化的「鴞博士」解說青銅器的內涵，引導觀眾進入青銅器的世界。第二展區介紹青銅禮器及青銅器的功能與分類，第三區介紹青銅器的主要紋飾，欣賞紋飾之美。第四區，可欣賞難得一見的私人收藏，透過動動手的遊戲，拓印青銅器的紋飾。第五展區，介紹世界各宗教中常見的動物形象。展覽自 2006 年 5 月 24 日至 12 月 24 日止。官方文宣如是說：「中國的青銅器因為罕見，如同黃金般珍貴，由於青銅器具有獨特美感的造型、紋飾與銘文，堪稱為中國古文明上的珍寶。長久以來一般社會大眾對青銅器的認識有限，加上時代久遠，數量稀少，青銅器常給予人們深奧難懂的印象，此次世界宗教博物館獲得私人收藏家慷慨出借一批青銅器，讓社會大眾有機會近距離欣賞青銅器，親近昔日平民百姓難以接觸的貴族藝術，並學習其入門知識。宗博館95年，精心企劃的教育特展『爵鼎聰明——青銅器兒童教育展』，適合想要了解青銅器入門知識的大、小朋友們。」

世界宗教博物館「爵鼎聰明」特展海報。

05 石破龍出話碑首

台南天后宮的「降龍」柱之一。

《人間》的主編約我寫點關於龍與建築的東西，藉以慶祝龍年的到來，照說我應該欣然應命才是，可是我雖然對中國傳統建築有濃厚興趣，又是本行，卻沒有對龍做過什麼有系統的研究。零零碎碎地寫恐怕不成個樣子，如果時間允許，我倒有興趣對本省傳統建築上用龍的手法做一個調查研究。目前要趕年節自然是來不及了。從這個方向想，我記得本省早期的廟宇上使用的龍柱，比如台南天后宮裡的那一對「降龍」，雖不能說有了不得的藝術價值，但就其氣勢看，可說是雄勁有力，有破石而出的感覺。

但近幾年來本省廟所雕的龍柱，使用了灰色的水成岩，龍身顯得軟弱無力，甚至如同一條繁瑣的飄帶，糾結懸掛在一根石

宮的「降龍」柱之一。　　　台南天后宮的「降龍」柱之細部。　　　鹿港龍山寺的龍柱。

柱上。由於石質脆弱，雕工太細，龍的氣魄失掉了，連對石柱的耐久性都發生了疑問，不得不用鐵柵圍起來，避免進廟朝香的群眾不小心破壞了龍身。不用說天后宮那種堅實、具有可觸性的雕刻體的龍身，雖久歷年代，並不必去擔心為人手損壞。

碑首為何刻龍

我不禁想，這種轉變代表我國手工業的衰微。為什麼在這樣短短的一、兩百年內竟發生如此深刻的低落呢？這恐怕值得我們研究與檢討。本省的廟宇建築，自台南天后宮或鹿港龍山寺的明快節奏到今天所看到的新修建廟宇，如台北龍山寺，真好像已有幾個世紀的距離呢！

台北龍山寺的龍柱。

板橋林家院子裡的有聖旨石碑。

　　言歸正傳，為了龍年談龍，我想向讀者們介紹一種在本省少見的東西，那就是碑首（碑的最上部）。以我的年紀，依稀仍記得在大陸的故鄉，我村通向縣城方向的大路旁邊，有幾座石碑，碑文似乎是紀念節烈婦女的，碑首刻有龍紋，上有「聖旨」字樣。記得當時是在抗戰時的「淪陷區」竟仍立有「聖旨」的石碑，這樣的碑首，在台灣我只於板橋林家的院子裡看過一座。

　　在此我要向讀者介紹這碑首在中國古代演變的情形，首先說明，我並無專門研究，只是收集建築史相關資料時，順手攝下幾幅日本人當年研究、記錄我國遺物的照片，今天在這裡派上用場[1]。嚴格說來，碑首上的龍只能稱作「螭」，好在我們一般俗人看來，龍、螭不分，既然只是生不生角的問題，實也沒理由分得那麼清楚。

漢朝益州太守高頤碑。（翻攝自「主題南京」網站）

位在四川省蘆山縣蘆陽鎮黎明新村的東
漢石刻館中的漢碑。
（翻攝自 2019/10/28 每日頭條網站）

位在四川省雅安的漢代益州太守高頤碑。
（翻攝自「愛卡汽車論壇」網站）

　　目前所留存的古碑可上溯自漢朝。這碑在純紀念性之外
的功用，至今無人確定，自然也沒必要討論。但最早的古碑，
有一種所謂「圭」型的尖尖三角形碑首，又有一種半圓形的
碑，其共同特點是在碑首的下面有個洞，叫做「穿」。紀念
性的碑而穿洞，好像很不合理，無以解釋只能說中國古代的
紀念物大約有個共同的形式傳統，漢、魏時代離周不遠，商
戈周璧等玉器的形式，其溫潤剔透的趣味，無疑與漢碑的造
型有點關係吧！一說穿孔為引索下棺之用，似不合理。

　　話說半圓形碑首的漢碑，恐怕是龍碑的祖先了。龍怎麼

會跑到碑首上？我知識有限，不能了解。漢代建築的裝飾形象在龍、鳳兩者之間似乎比較偏鳳。正脊上，今天有龍飾的地方，倒是「有鳳來儀」。現存最早的半圓形碑首也沒有一定的形制，說明漢是墓碑的初啟時代。比如漢代「高頤碑」的碑首上有一隻螭，反時鐘方向伏在半圓形上，有一種粗野，自然而初生的風味，藝術價值很高，但不知是什麼理由，後世竟不再使用了[2]。

山東省曲阜市的「漢泰山都尉孔宙碑」的碑首。（取材自《支那建築裝飾》第三卷）

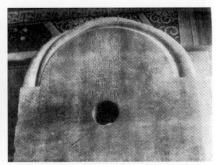

山東省曲阜市的漢博陵太守孔彪碑的碑首。（取材自《支那建築裝飾》第三卷）

江蘇省江寧的南朝梁靖惠王神道碑的碑首。（取材自《支那建築裝飾》第三卷）

山東省曲阜市的魯孔子廟碑的碑首。（取材自《支那建築裝飾》第三卷）

晉故騎部曲督中山杜君之碑，美國德州達拉斯美術館藏。

晉故騎部曲督中山杜君之碑，美國德州達拉斯美術館藏。（©Dallas Museum of Art）

　　博陵太守的碑恐怕是今天所見龍碑的真正祖先，它已經是我國人所喜歡的對稱形，但其狀貌非龍非螭，倒像兩條扭起來的繩子，如果不是後代的碑首暗示一種形式的演變，則這一作品毫不能引發我們的想像力。與高頤碑為一近似的地方，是這兩條繩子都是一邊寬，一邊窄，與高頤碑螭形相同。

　　到了六朝，梁靖惠王神道碑的碑首，上面的兩根繩子扭成一條扁平的大繩子，有氣無力地搭在半圓形的碑首上，如果不仔細觀察，難於覺察那是石刻的一部分，當然更不容易看出這條繩子的兩端垂下來的是兩個近乎螭首的收頭。這座碑面上刻了一些花紋，不是紀念文字，顯見不是普通的墓碑，但不論怎麼說，很難使人了解在南朝時代，龍給人的意象竟如此軟弱，這是不是象徵中國民族命運在當時正不絕如縷了呢？

龍形各朝演變

　　北朝的氣象到底不同，不但在龍形有比較大膽、有力的表現，而且毅然廢棄了那帶有玉器味道的穿孔。北魏時魯郡太守張猛的龍碑 3 上的龍仍然是擰在一起的兩根繩子，兩隻龍頭木然毫無表情地懸掛著，為著粗魯、莽撞的外來民族做了證驗。但與梁碑比較，龍身已肯定其石質的存在，看起來有著復甦的樣子了，至少它佔了應該有的分量，很結實地護衛著這座碑的題銘，正是清代墓碑「聖旨」二字所在的位置。

　　自此而後，進展就很快了。自北魏到西魏，碑首的龍身逐漸有了生氣，自一條死沉沉的象徵性的無生物，產生了肌

骨肢體。西魏的魯孔子廟碑首仍然是很平面的雕刻體，和擰
在一起的繩子很明顯已經是龍身的肌肉了，雖然是一種下垂
且鬆落的感覺。兩隻龍首也依然有氣無力，但頭骨各部分的
組織增加了一些深度和細節，最重要的進步是像金蟬脫殼一
樣，西魏的龍身下方長出了兩隻龍爪，自腿至脛骨到爪，線
條很顯明，也很真實地與龍頭一樣懸掛在兩側，予人以剛剛
出殼或初出娘胎一樣的感覺。

位在山東省曲阜市的北魏郡太守張猛龍碑的碑首。
（取材自《支那建築裝飾》第三卷）

晉「沛國相張朗碑」。（取材自〈支那碑碣樣式〉）

北魏郡太守張猛龍碑的碑首。
（翻攝自 2017/10/28 每日頭條網站）

梁臨川靖惠王蕭宏碑。（取材自〈支那碑碣樣式〉）

梁臨川靖惠王蕭宏碑首拓本。（取材自〈支那碑碣樣式〉）

這樣重大的改變發生在北朝，是在說明北朝實際上承繼了漢代的傳統加以發揚光大？還是表示北朝自異域帶來的文化，注入了漢族的原生文化，因而有所新創呢？在藝術史上，北朝是傳播的使者，把希臘、羅馬的藝術形式，經由西域各邦，傳到中國來，如果碑首的龍身是在這樣的程序下產生，就等於在中國的軀殼中，注入了西方的立體精神，可說是最有趣的融合。因為自雲岡石窟的佛像與裝飾可以看出相當直接的域外影響，甚至藝術母題假借，而龍卻是道地的中國產物。自是而後，這條龍的成長主要在於體軀部分的發展，自纖弱到強壯，自平坦到充實，相對的，頭部所占的分量則愈來愈小。北齊時代少林寺的一座碑，是宗教性的紀念物，碑面上刻了佛像，似乎是當時中西合璧的一種表現，這個碑首似乎龍身已經成熟了，在造型上仍然是平面的，浮雕的趣味很重，但繩索的感覺完

全沒有了，肌肉的感覺，特別是大腿的部分，得到充分發展。
當時的匠師是很高明的圖案設計家，他把龍下垂的頭部與兩
腳均適當地編織在宗教主題裡，形成佛像外圈的帷幕，而這
佛像的位置就是日後「聖旨」兩字的位置。

東魏魯孔子廟碑。（取材自〈支那碑碣樣式〉）

東魏侍中黃鉞大師高盛碑。（取材自〈支那碑碣樣式〉）

位在山東省曲阜市的「西魏・孔子廟碑」的碑首。
（取材自《支那建築裝飾》第三卷）。

河南省登封市「北齊・少林寺堂宇內碑」的
碑首。（取材自《支那建築裝飾》第三卷）

盛唐雄偉意象

　　唐朝是我國文化大放異彩的時代，在藝術上已能融合吸收外來的影響。造型藝術如雕塑是立體而圓渾，表達寫實能力的時代。碑首就充分表現了這種像空間突出的生命力，這條龍已十分成熟，體軀剛強而健壯，有陽剛的美。學者把這種生命力與中國民族在唐代所表現的自信心與國力的興旺相提並論，當然很適當。

　　談到龍本身，如果讀者們細查唐代碑首，可能覺得與自己所熟悉的那種龍的形象不一樣。這很難怪，因為龍在中國人的心目中是一直在改變中的，唐代離我們很遠了。唐碑的龍，就拿孔穎達碑 4 做例子，軀體與腿脛力的表現到了極處，我們所習見的龍頭卻小得難於覺察了。我們要知道唐人是比較寫實的，藝術的表現自經驗中得來，故他們表達龍的形象

位在陝西省醴泉唐代「孔穎達碑」的碑首。
（取材自《支那建築裝飾》第三卷）

唐代「孔穎達碑」的碑首。

位在河北省正定縣「隋龍藏寺碑」
的碑首。
（取材自《支那建築裝飾》第三卷）

只有從現實世界中蛇的形象上去揣摩，蛇的力量表達在扭曲、
蠕動的軀體上，其頭部都是很細小的。唐龍又特別發展了腿
脛，很明顯，龍的另一種意象是鷹。他們大約觀察鷹獲取小
動物的雄姿，以想像龍的雙爪的動作。因此北齊時代下垂的
龍爪，到了唐代變成雄偉有力，肌肉暴突，表達抓握姿態的
兩隻勁爪（沒有前爪）。要表示這爪子的力量，只有把腿部
彎曲，因此整個龍形倒像把背部面對著我們，攀附在碑首上
一樣。

　　這是很有趣的一種現實與象徵的結合，這龍活起來了，
因其形象生動，但同時那軀體糾結形成一半圓形的粗大而有
重量感的帽子，圍繞著題銘文字，增加了碑首形象的紀念性。
新添的特色乃是一顆珠子，位於銘文的上部中央，由兩龍的
後爪子攔持著，具有強烈的象徵意義，大約是日後民間藝術
中雙龍抱珠主題的早期形式。使我們感到奇怪的是，這對龍
竟是用腿脛作為主角以及表現的主題，我們所熟見的龍首不

位在陝西省醴泉縣「唐芮國公碑」的碑首。
（取材自《支那建築裝飾》第三卷）。

位在陝西省醴泉縣「唐申國公高士廉碑」的碑
首。（取材自《支那建築裝飾》第三卷）

唐代英國公李勣碑。
（取材自〈支那碑碣樣式〉）

唐代大唐清河郡王紀功載政之頌碑。
（取材自〈支那碑碣樣式〉）

陝西省西安市「唐・多寶塔感應碑」的　　唐代少林寺太宗御書碑。
碑首。(取材自《支那建築裝飾》第三卷)　　(取材自〈支那碑碣樣式〉)

唐代乾陵無字碑。(取材自〈支那碑碣樣式〉)　唐代「虞恭公溫彥博碑」。
　　　　　　　　　　　　　　　　　　　　　(取材自〈支那碑碣樣式〉)

位在山東省曲阜市「宋・重修兗州文宣
王廟碑」的碑首。
（取材自《支那建築裝飾》第三卷）

位在山東省曲阜市「金・重修至聖文宣
王廟碑」的碑首。
（取材自《支那建築裝飾》第三卷）

位在山東省濟寧市「元・重修尊經閣記
碑」的碑首。
（取材自《支那建築裝飾》第三卷）

但很小，而且仍是軟弱無力地倒垂。唐人的寫實態度與漢高頤碑上那隻全由想像力構成的龍形，表示我國文化自漢而唐，是自神話境界逐漸落實到人間了吧！

宋代形象定調

什麼時候才開始有我們今天所見的龍碑形象呢？大約是在宋朝以後，宋代的碑首與其他造型藝術一樣，等於是洩了氣的皮球。自唐代形式中抽走了立體感。一般的藝術史家總認為這是衰落的象徵，卻未必是公平的看法。如果真正是藝術家的衰微，宋代怎能在山水畫上有那麼偉大的成就？

我想宋代大約是為龍創造完整意象的時代，宋代道士畫家以龍為題，抽象地表達了這種怪物的凌厲神采，想像的成分增加了！由於繪畫比較容易做細緻的描寫，

位在陝西省西安市「明‧臥龍寺碑」的碑首。
（取材自《支那建築裝飾》第三卷）

位在陝西省西安市「清‧孔子廟碑」的碑首。
（取材自《支那建築裝飾》第三卷）。

龍首的細節形象化了！龍不再是一條蛇，而有了「格」，因此頭部的重要性大大增加，而且把它放在畫面中央，創造出龍的姿勢。雲成為龍身的附帶品，也是增加其神祕感的東西。龍被觀念化、象徵化，是無可厚非的一種發展，但卻使碑首有了決定性的轉變。宋代以後，碑首重新成為薄浮雕的形式是可以了解的。觀念中的龍怎能用寫實的手法來表現呢？

　　轉化中的第一步，這龍從碑的上面逐漸轉到前面，自雕刻體變為繪畫（即浮雕）大體上幾乎等於淺刻了。在龍體的姿態上，自宋朝開始，回轉身來，面對我們。這是正面化與平面化的必然步驟。前面提到在唐代龍身是背對著我們的，龍頭則懸垂在兩側，有如蛇頭自樹上掛下來。如今雙龍糾結如昔，但回首像前！讓我們第一次見到牠們帶角的猙獰。（這大約是真龍，不再是螭了）木然地向前看，夾持著碑銘；接著，我們可以看到牠的左右兩爪，一隻龍爪開始移動到碑

位在北京「清・地壇碑林」中的碑記碑首，北京故宮博物院藏。

元代「重修尊經閣碑記」。
（取材自〈支那碑碣樣式〉）

首的兩側，另一隻則仍在唐碑上的位置，只是軀體與腿部都沒有了立體感，也沒有了力道，只覺有兩隻龍爪捧著一顆愈來愈大，而且帶著光暈的明珠，使得這碑愈發有冠冕的味道了。

　　宋代碑首已經公然與碑身脫節，自成一套格局。唐代以前碑首是自碑身上雕出的一部分，只是具有特殊意義而已，唐碑的形式逐漸使龍形碑首與碑身的關係有脫離的趨向，只有中間的題銘與下面的碑文部分在設計上連在一起。宋人大約為了製作方便，以及可減少石塊的尺寸，便利搬運，乃把碑首分開，只是很小心地將首、身兩部分接起來，避免有斷裂的感覺。

明起碑首獨立

　　明朝以後，碑首正式與碑身脫離，故意做得寬些，使突出碑身，如同一頂帽子。在我手邊的兩座明碑的照片，一屬明孝陵，一屬曲阜孔廟，顯示明碑的做法並不一致。明孝陵聖德神

立於明正統八年（1443）的曲阜孔廟「大成至聖文宣王碑」。（Wikimedia Commons, ©Wang Leon）

南京明孝陵聖德神功碑。（翻攝自 WeMP 網站）

功碑上的龍身雲紋填補其間，兩後爪只
有形象，後有力感，接觸著中央的大圓
珠；前爪亦很纖細地「飄浮」在雲紋中。
龍首雖然居於兩側，卻怒目圓睜，象徵
著力量。

　　曲阜孔子的墓碑就是順著宋代的
發展演變的形式了。這是一個淺浮雕，
為強調面的感覺，匠師在圖案周圍勾了
一個邊，框框之內是雲紋中漂浮著兩條
龍，龍首、龍身完全轉過來了，匠師讓
我們第一次看到龍的全身，包括四條腿
在內，兩隻龍首面對面地佔據了龍首的
中央，把那顆明珠推到圖案的上部，龍
的表現雖然很圖案化，「張牙舞爪」的
趣味是表達出來了，這自然就成為日後
碑首的典型了。由於日後圖案化的結
果，明代以後的碑首似乎放棄了唐宋以
前半圓形的輪廓，而改採長方面帶圓角
的形狀，這一點使得其外貌予人以侷促
而謹慎的感覺，似乎與建築上使用曲線
的態度相彷彿，不用說，我們可以因之
想像中國民族在宋元以後那種文雅、自
我約束、小心翼翼，重內省的性格。

　　說到這裡，讀者們也許已經生厭
了，我這奇怪的聯想，把龍身的聯想與

台北龍山寺的龍柱。

台北大稻埕陳氏家祠的龍柱。

其他事務連在一起，自然是世俗之見。但自藝術心理上說，
也可以供大家作為閒聊的題材。讓我回到本省廟宇石柱龍身
的雕刻上說，我實在希望重新表現一種活力，表現當年那種
磅礡的氣勢。不用說，龍雕會成為現代化的犧牲，問題是，
一個現代的中國是不是仍要以龍為象徵呢？過去的觀念，龍
代表帝皇的威權，對於民主的中國，這是一個忌諱，它自然
就淪為第三等的民俗藝術了。

台南天后宮大殿雲路處的龍雕。

　　但是龍也可以代表生氣，象徵著天地間永不休止的動力，象徵著中國民族振奮圖強的精神。若然，則一個新時代龍的意象，仍然是有其必要了。（日人關野貞曾有一短文對我國碑首有所介紹，有興趣而懂日文的讀者可以參閱，本文未參考其意見）[5]

――《中國時報》人間副刊，1977/2/3

台南天后宮於清乾隆四十三年（1778）重修天后宮碑記的碑首。

台南天后宮於清康熙二十四年（1685）「平台紀略碑記」的碑首。

台南赤崁樓清碑林的石碑之一。

台南赤崁樓清碑林的石碑之二。

編註

1   本文於《中國時報》人間
     副刊登載刊出時，附有 8
     張極小的照片。這些照片
     是翻攝自日本建築學者兼
     建築師伊東忠太（1867-
     1954）所著的《支那建築
     裝飾》第三卷。《支那建
     築裝飾》共 5 卷，1941 年
     東方文化學院出版，1983
     年原書房重新印製。

唐梁文昭公房玄齡碑。
（取材自〈支那碑碣樣式〉）

2   位在四川省雅安市的「高
     頤闕」是中國唯一碑、闕、
     墓、神道、石獸保存最完
     整的漢代葬制實體，其主
     闕 13 層，高約 6 公尺，寬
     1.6 公尺，厚 0.9 公尺；子
     闕 7 層，高 3.39 公尺，寬
     1.1 公尺，厚 0.5 公尺。闕
     用紅砂石疊砌，闕頂仿漢
     代木結構建築，有角柱、
     枋斗；浮雕圖像想像豐富，
     內涵深厚。墓闕東北面有
     一碑，碑首以隸書豎刻兩
     行「漢故益州太守高君之
     頌」。

3   北魏「張猛龍碑」，全稱
     「魏魯郡太守張府君清頌

大唐嵩陽觀紀聖德感應之頌碑。
（取材自〈支那碑碣樣式〉）

之碑」，北魏孝明帝正光三年（公元 522 年）刻，現存山東曲阜孔廟，是北朝碑刻中最具代表性，被視為北魏書體的鰲首，碑文記載了張猛龍興辦教育的事跡。圓額，深浮雕四龍盤繞，額高 60 公分；碑高 226 公分，寬 90.7 公分，厚 25 公分。

4　孔穎達碑藏於昭陵博物館（位於陝西省），于志寧（588-665）撰文，書者不詳。螭首方趺，碑圭篆書陽文《大唐故國子祭酒麯阜憲公孔公之碑銘》，共四行，每行四字。前人稱《孔祭酒碑》或《曲阜憲公碑》。孔穎達（574-648）是孔子三十二代孫，唐朝經學家，其碑帖被視為唐人楷書中的精品。

5　日本建築學者關野貞（1868-1935）著作的《支那建築藝術》有一篇〈支那碑碣樣式〉（頁 167 至頁 196），以朝代為經，樣式為緯，分 6 個小節探討碑碣的演化。該書由岩波書店於 1938 年出版。本文選取該文的部分圖片，作為進一步了解歷朝各代碑首之參考。

唐國子祭酒孔穎達碑。
（取材自〈支那碑碣樣式〉）

唐太宗晉祠銘碑。（取材自〈支那碑碣樣式〉）

06 一只宋枕中所見的文化精神

在我的案頭，有一只陶枕，是宋代磁州窯白色劃花的陶枕。偶爾有朋友來到我家，不免問到這件形狀怪異、看上去不甚起眼的東西。我藉著機會，就要大大炫耀一番。因為這件沒有什麼交換價值的東西，卻使我消磨了不少時間。對於年紀比我輕的朋友，不免會聽到我借題發揮，談些時下的文化問題。

宋磁州窯白色劃花的陶枕（漢寶德提供）

這幾年來，我在閒暇時，追隨著諸先進雅士，對我國的古陶瓷也花了點時間，但對於近來一度出土甚多的陶瓷枕頭並未十分留意。我向來認為陶瓷是一種生活的藝術，是一種器具，所以引起我注意的，只有盤、碗、壺、罐、瓶之類。其中又以罐，因其大多斂口鼓腹，雍容大度，最為我喜愛。平日我對於裝飾性、遊戲性的製品，並無太大興趣，但自從我的案頭多了這只陶枕以後，才花了些時間去了解，發現這些式樣繁多、花紋富於變化的陶枕，也是我國古代的生活器具。

美石為枕崇尚高潔

我對陶枕的另一種偏見，是基於常識，認為枕頭應該是軟的。因此推論陶枕大約是古人用來隨葬，為死人枕頭的。慚愧慚愧！後來才知道在明朝以前的中國人是睡硬枕頭的。難怪在宋、元的四百年間，發展出那麼豐富的種類與花樣來。其實這點道理不用什麼高深學問，只要看「枕」字就知道了。我國古

代的枕頭是木製的，是不是每家都弄塊木頭做枕頭，還是只用木塊做心子，外頭仍需包些軟的布料或衣物，還需有學問的先生們指教。在文獻中，似乎王侯之家的枕頭，所使用的木材極為珍貴，木材的香味與自然的紋理，應該是選擇的主要因素。

晉朝有位張華先生，寫了篇〈瓌材枕賦〉[1]。為了一只枕頭居然寫賦以讚美之，足證此枕之自然花樣十分美妙，材香十分宜人。他在〈瓌材枕箴〉中又把這只枕頭描述為「彧彧其文，馥馥其芬」，「允瓌允麗，惟淑惟珍」，木質之美，不加文飾，甚至與上流社會的德行連在一起，是何等高雅的氣質與品味！反過來說，也可以推想當時流行的木枕，是加以雕鑿的，是有「錦繡之飾」的，是有「朱碧丹漆」的外觀的。

石枕是何時出現，我才疏學淺，一時找不到資料。枕頭既然與道德修養連上關係，又因睡覺時與頭部長期接觸，聰明的古人，難免會認定枕的品質影響人的生命與思想。石頭質硬多文，又有清涼之感，刻美石為枕，會聯想到堅貞不移

唐三彩枕。（漢寶德提供）

北宋刻花枕。（漢寶德提供）

的品行、冰清玉潔的道德，所以古人必然會以石為枕。何況
農夫下田，以石為枕休息一下，恐怕是開天闢地以來最自然
的事了。到了唐朝，稱頌或記載石枕的文字就多見了。當然，
石的品質非常受重視，玉、水晶、瑪瑙等珍貴材料，被認為
更能發揮枕的功能，為財勢者所珍惜，是不在話下的。

　　我推想，陶枕很可能自唐代開始。陶瓷質地接近石質，
應該是在石枕流行之後，用來代石的。在我收集的中國古陶
瓷的圖集中，沒有發現唐代的陶瓷枕，只有些十幾公分的方
枕，用途不詳。但唐朝的時候，卻有一個故事，名為「枕中
記」[2]，敘述一個年輕人不滿現狀，常以懷才不遇而自嘆，後
遇一位老翁，讓他睡在一只枕頭上，他迅即入夢，在短短幾
分鐘內，經歷了出將入相、享受榮華富貴的一生，等到一覺

五代白釉鏤雕殿宇人物枕，上海博物館藏。
（© 上海博物館）

北宋磁州窯白地黑花蘆雁紋虎枕，上海博物館藏。
（© 上海博物館）

北宋磁州窯白地黑花詩詞枕，湖南博物館藏。（© 湖南博物館）

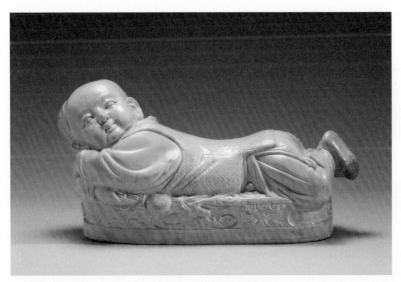

北宋定窯白瓷嬰兒枕，台北故宮博物院藏。（© 國立故宮博物院）

醒來，憬然而悟，對人生也就看開了。他所睡的那只令他開
竅的枕頭，「其枕青瓷而竅其兩端」，就是兩邊有孔的青瓷
製品；瓷枕有兩竅，在該故事中，可能暗示靈魂的出入，但
自製作技術看，瓷枕有竅是必要的。青瓷在唐代是越窯[3]的
產品，在中原一帶，應該是很珍貴的，所以為「枕中記」所
採用。

捨軟求硬自我克制

由於唐代的陶瓷枕非常少見，早期陶枕的形狀與尺寸都
很難推斷。自五代以後的文物看來，似乎時代愈早，形制愈
小。元枕最大，金枕較宋枕為大，想來唐枕可能更小了。另
外一個問題是，瓷枕既是日用器，又是隨葬器，究竟怎樣分
辨何者為日用，何種為隨葬？或者日用、隨葬均為同一器型？
今天也很難得到答案。明代《遵生八牋》[4]中談到屍枕，「長

宋代臥婦瓷枕，美國紐約大都會
博物館藏。（©MET）

石枕，美國紐約大都會博物館藏。（©MET）　　　　　　　宋代春狩圖枕，美國紐約大都會博物館藏。（©MET）

可一尺，古墓中得之，甚不可用」，並認為「有特製為枕者，長可二尺五寸，闊六、七寸者」，似乎表示隨葬枕較小，日用枕較大。道理是說得通的，但恐怕並不足以用為依據。

　　至於陶枕使用到何時？雖無具體資料可據，卻可大體上認定為元末明初，因為自古代文物發掘的紀錄上看，我還沒發現有明朝的東西。我自己大膽地假定，中國人到元明之間，正式放棄硬枕，改睡軟枕，中國文化乃進入軟綿綿的成熟期了。事實上，唐代以前的人並不是傻瓜，他們早知道軟枕比較舒服，且有用花及藥草填塞軟枕的記載。為什麼他們仍然通用硬枕呢？據說司馬光以圓木為枕，以便不得安眠，可以起來念書。這當然不能解釋中國古人使用硬枕的道理，但是一個睡硬枕的民族比較能夠克制自己，達到更高的理念中的境界，應該是說得通的。

兩宋遼金堪稱盛期

如果說陶枕始於唐，終於元明之間，那麼兩宋與遼金，可以說為其盛期了。這一點是不錯的。不但出版物中記載的陶枕多屬於此一階段，近年來大陸發掘的古物中，這一階段的陶枕佔有相當大的分量，因此愛好古物的人，可以用便宜的價錢買到有趣的東西。年前在歷史博物館展出旅港華僑楊先生的陶枕收藏[5]，有三百年間陶枕的各種形制、尺寸與裝飾。

在大量出土、流到海外的枕頭中，大多是生產在河北與河南兩省交界處的幾個縣份，俗稱磁州窯的地區。磁州窯是民間陶瓷器的主要產地，所以這些陶枕數量大，變化多，富於民俗相關之裝飾，但都有一個缺點，那就是粗糙。我過去以為枕頭是俗物，只有磁州窯這類的民窯才會生產。後來才

明代瓷枕，英國倫敦維多利亞與亞伯特博物館藏。
（©V & A Museum）

北宋綠釉石枕，美國明尼蘇達州明尼阿波利斯美術館藏。（©MIA）

北宋虎枕，美國明尼蘇達州明尼阿波利斯美術館藏。（©MIA）

知道，宋代的高級瓷窯中也生產枕頭，只是數量少，不易見
到而已。故宮的收藏中，有一只溫潤、豔麗的鈞窯枕頭。定
窯的瓷枕較多，也許宋人仍以白色為正色。白色的瓷枕，「皎
然霜明，如其德也」，表達了「所貴素且貞」的意思。但是
青瓷卻是宋人視為最高尚的瓷品。北宋末年，中國人上層社
會的品味已自白色轉移為青色，也許因其色溫潤近玉。當時
有位張耒先生，寫了一首《謝黃師是惠碧瓷枕》的詩，描寫
青瓷枕所蘊含的意味，非常有趣，錄在下面，供大家參考。

> 鞏人作枕堅且青，故人贈我消炎蒸，
> 持之入室涼風生，腦寒髮冷泥丸驚。
> 夢入瑤都碧玉城，仙翁支頤飯未成，
> 鶴鳴月高夜三更，報秋不勞桐葉聲。
> 我老耽書睡若輕，遶床唯有書縱橫，
> 不如華堂伴玉屏，寶鈿鼓斜雲鬢傾。

北宋磁州窯白地黑花鹿枕，美國明尼蘇達州明尼阿波利斯美術館藏。
（©MIA）

北宋磁州窯白地黑花牡丹枕，美國明尼蘇
明尼阿波利斯美術館藏。（©MIA）

一只青瓷枕可以消暑，可以生涼，可以使頭腦清醒；既可以使人夢入瑤都，又可以使人少睡覺，多看書，真是一件寶物。今天看來，青瓷枕的數量實在很少，偶爾有，都是較精緻的作品。張耒得到的青瓷枕是「鞏人」的作品，屬於北方青瓷，應該比較精緻。至於後來盛行於江西各窯的青白瓷，摹倣定窯，做了些很精緻的瓷枕，即使在古代也很名貴。前引《遵生八牋》中記述，定窯與青白瓷均有「孩兒捧荷偃臥用花捲葉為枕」的製作傳世。在目前流傳的陶瓷圖錄中，都可以看到。至於在宋元間流行的白色磁州窯的枕頭，我曾就書本上的資料，略加整理，發現有六種形狀。其中有三種為具有裝飾意味，三種是比較簡單而重實用的。

如意雲型美觀實用

具有裝飾意味的陶瓷枕，一為花瓣型，一為如意雲型，一為稀有的葉型，大多都是北宋時期的產品。這類作品大多比較精緻，有遍體剔地浮刻的裝飾，同時受當時金銀器或石刻的影響。即使比較差的，也滿佈劃花，模倣金銀器的裝飾。若說實用與美觀合一，則以如意雲型為最佳，所以它被使用的年代也較長，到元代還有標本，只是後代的作品較扁長，如意雲的形狀不太顯著。故宮那只鈞窯枕就是如意雲型的。

簡單而實用型的，一為八角型，一為長方型，一為腰子型。其中八角型於金元器型拉長後，就因不適用而放棄，腰子型亦無法適應後期的長枕，只流行到金代。只有長方形，由於適宜於各種長度，而且可以呈輕微的彎曲，一直到元朝仍一枝獨秀。

北宋鈞窯天青釉紫斑如意枕，台北故宮博物院藏。（© 國立故宮博物院）

北宋青白瓷水波紋枕，台北故宮博物院藏。（© 國立故宮博物院）

在簡單實用型中，以腰子型最能兼具美觀，外國人稱之為豆子型，因其形似圓略彎。這種形狀流行在北宋中期以後，早些的造型圓渾，後期的造型細長。有特別精緻的早期製品，亦遍體剔地浮刻或劃花，愈到後期愈簡單，到金代就以劃花為主了。

腰子型枕最具宋韻

在我案頭的這只陶枕，屬於裝飾簡單的腰子型，雖然沒什麼市場價值，卻是我認為最能代表宋代藝術精神的作品。這只枕產生於北宋末期，表面上，除了上半段有簡單的「折枝牡丹」與「珍珠地」的劃花裝飾外，是相當素淨的。劃花的線條甚為流暢，予人以輕快、簡潔的美感。由於當時的磁州瓷枕崇尚流行複雜的遍體裝飾，這一只屬於清淡型。然而也正因如此，這只枕頭的無名創作者，卻在純造型上下了很大工夫，使它成為一個精緻而高雅的雕刻品，幾乎脫離了裝飾工藝的範疇。它最重要的特色就是造型單純、直率，完全合乎做為一只枕頭的功能。承托頭部的曲面，略前傾，內彎而起翹。其前傾的斜度、內彎的曲度、兩邊翹起的高度，經過長期的體驗，形成一個既合用又美觀的立體曲面，非常合乎現代工藝設計的「人體工學」原理。

為了試驗它的合用性，我曾枕著它睡了一會兒午覺。我對它的批評是造型太適切了，形成對頭部轉動的限制，完全側臥就不方便。這說明我國古人睡眠的習慣。它的另一個特色就是支撐部分的塑造，它既然是素面白瓷，不靠裝飾花樣，就只有在塑體上下功夫。照說這種簡單的器具，只要把承托

頭部的上皮做好，下面可以不必費腦筋，撐起來就可以了。
但這件作品並沒有依照當時一般的做法，僅用平直的面來支
撐了事，卻在輪廓線上細細考究，使得這只陶枕除了底面不
得不做平之外，竟沒有一根直線，沒有一個平面，而能配合
承托面的曲度，造出一個柔和、動人的形來。

　　製作這只枕頭的人也許並不懂得造型的理論，但是令人
驚異的，他似乎能直感地掌握造型的道理。他所創造出來的
輪廓，充分、巧妙且敏感地反映了受力變形的觀念，即使是
一位現代受過設計教育的設計家，也不見得能達到這種境界。
為使一只硬質的枕頭，予人以柔軟的感受，他假想瓷器是一
種柔軟的，受力會變形的材料。當使用者把頭部放在上面時，
這種材料受重量下陷，兩邊就會翹起。整個枕頭都連帶受力，

北宋白釉黑花臥美人枕，陝西歷史博物館藏。（ⓒ 陝西歷史博物館）

四邊都呈現中央微突的曲線。由於接近頸部處較低，受力也較大，所以枕頭的前面被壓得低了些，並且把承托的上皮壓出了底面之外。其結果乃使前壁受力，被壓成 S 形。上皮的輪廓線，也由於中央受力，發生不均勻的起翹，出現和緩的 S 形扭曲。整個造型由受力變形曲線組合起來，表達了柔和、溫潤的感覺，實在是少見的例子。這些不是文字所能完全表達出來的。

這樣的造型如果不是用白瓷做成，意味就差得遠了。如果使用白瓷，但用了日後景德鎮的白瓷，或南宋的青白瓷，意味也就差了。大凡以純造型取勝的作品，其材料以能顯現其體型的白色最為適當，所以古典的雕刻與現代純造型的抽象雕刻都使用白大理石。白大理石除了純白外，因石質的晶體顆粒大，有擴散光線的作用，故表面質地柔和，除非有意打亮，不會反射刺眼的光線。宋代北方的白瓷，瓷面氣泡多，表面雖不如大理石，卻也有溫潤柔和的特質，後期南方的白瓷，質地雖較堅實，在色澤上則不免鋒芒太露了。

手工打造獨一無二

宋代的藝術發展，尤其是中葉趨於成熟之後，可以說是中國文化的古典時代。在精神上，唐代著重於外顯的活力逐漸收斂，凝聚而為沉靜而含蓄的形式。與西方文化比較，如同紀元前五世紀的希臘，在理性與感性上達到均衡。這只瓷枕可以說反映了這種藝術精神的一斑。這樣的作品是創作的特例呢？還是當時普遍流行的樣式？今天對這樣的問題是難有資料找出答案來的。依據一般常識的判斷，這樣簡單、樸

明代孝子圖枕，美國加州洛杉磯郡立美術館藏。（©LACMA）

質的作品，絕不是當時上流社會所使用的，為了某一製品下特別的工夫，似乎是不可能的。而瓷枕由於形狀特殊，一般製陶的技術如轉盤等用不上，必須依照一個原模，用手工組成。這種製作過程中，工人個人的技法對於每一製品的藝術性是有很大的影響。所以成千陶枕的標本，沒有兩個是完全相同的。

　　因此我們可以相當放心地說，我的這只陶枕是北宋末年流行的貨品，是當時可以在市場上買到的。只是當時市場上瓷枕的花樣很多，有錢人會買些雕花很豐富的製品，這樣的製品屬於一般大眾使用的，因為上面只有最簡單的花紋。如上文所說的，陶枕的形狀甚多，如同今天的廠牌一樣，即使一般大眾還可以按自己的口味去選擇，同樣的廠牌，同樣的產品，又因手工製作的差異，有個別的特色，說到這裡，不免使我嚮往古人的生活品質了。在一般老百姓的日常生活中，能注意到如此細膩的器物之美，實在是今天所難以想像。

畫枕，美國加州洛杉磯郡立美術館藏。（©LACMA）

金代花卉畫枕，美國加州洛杉磯郡立美術館藏。（©LACMA）

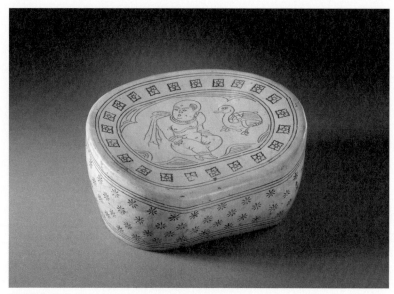

北宋嬰與鴨枕，美國加州洛杉磯郡立美術館藏。（©LACMA）

北宋牡丹花枕，美國加州洛杉磯郡立美術館藏。（©LACMA）

　　這使我想起國內現階段在生活層面的藝術上之混亂情形，今天我國文化的大勢當然已非昔比，宋代那種單純、樸質，具有內省性格的文化，早已是歷史的陳跡了。在一個開放的時代裡，受外來高勢文化的影響，商業社會千萬種商品的刺激，今天的中國人不但逐漸喪失了獨特的生活方式及價值觀念，而且失掉了自信心。回顧當年中國人全神貫注的創造活動，實在令人神往不已。

　　我深切覺得，要談中國文化的復興，至少要恢復一部分的唐宋精神。歷史是不能回溯的，然而我們不禁要痛心地自問，我們傳統的文化力量到哪裡去了？走進一座超級市場的家用器皿部，入目的幾乎都是五顏六色、奇形怪狀的東西，我們的大眾品味水準為什麼淪落到這種程度呢？有些朋友說，凡是市上看得上眼的東西，幾乎都是舶來品，那麼我們真是文化相當落後的國家了。又有人說，那是因為我們的製造技術尚達不到外國的標準，然而有了現代西方技術的幫助，難道今天還比不上宋朝嗎？說不過去，說不過去！

　　有時候，我與這只歷經八、九百年的歲月而倖存，又輾轉飄流數千里，偶然來到我几上的陶枕，相對無言。它是中國古文明的化身，它的默默的形的語言使我感動，已漸漸成為我與古人神交的橋樑。只有窗外震耳的車聲，才能把我拉回到無法擺脫的現實中。

　　　　　　　　　　　　——《聯合報》副刊，1986/8/3

編註

1   晉代張華〈瓌材枕賦〉：

有卓爾之殊瓌，超詭異以邈絕。且其材色也，如芸之黃；其為香也，如蘭之芳；其文彩也，如霜地而金莖，紫葉而紅榮，有若蒲萄之蔓延，或如兔絲之煩縈；有若嘉禾之垂穎，又似靈芝之吐英。其似木者有類桂枝之闌杆，或像灌木之叢生；其似鳥者，若驚鶴之徑逝，或類鴻鵠之上征，有若孤雌之無味，或效鴛鴦之交頸。紛雲興而氣蒸，般星羅而流精。何眾文之炯朗，灼儵燴而發明。曲有所方，事有所成，每則異姿，動各殊名，眾夥不可殫形。製為方枕，四角正端，會緻密固，絕際無間。形妍體法，既麗且閒，高卑得適，辟堅每安。不屑朱碧之飾助，不煩錐鋒之鐫鏤，無丹漆之形朱，罔觸象之佐副，較程形而靈露，眾妙該而悉備。珪璋特達，璵璠富也；美梓逡巡，不敢與並。相思庶幾，晞風於末列，神龍之姿，眾鱗相絕。昔詩人稱角枕之粲，季世加以錦繡之飾，皆比集異物，費日勞力，傷財害民，有損於德，豈如茲瓌。既剖既斲，斯須速成，一材而己，莫與混並，纖微無加，而美曄春榮。

2   唐代沈既濟《枕中記》：

開元七年，道士有呂翁者，得神仙術，行邯鄲道中，息邸舍，攝帽弛帶隱（憑倚）囊而坐，俄見旅中少年，乃盧生也。衣短褐，乘青駒，將適於田，亦止於邸中，與翁共席而坐，言笑殊暢。

久之，盧生顧其衣裝敝褻，乃長歎息曰：「大丈夫生世不諧，困如是也！」翁曰：「觀子形體，無苦無恙，談諧方適，而歎其困者，何也？」生曰：「吾此苟生耳，何適之謂？」翁曰：「此不謂適，而何謂適？」答曰：「士之生世，當建功樹名，出將入相，列鼎而食，選聲而聽，使族益昌而家益肥，然後可以言適乎。吾嘗志於學，富於

遊藝，自惟當年青紫可拾。今已適壯，猶勤畎畝，非困而
何？」言訖，而目昏思寐。時主人方蒸黍。翁乃探囊中枕
以授之，曰：「子枕吾枕，當令子榮適如志。」

其枕青瓷，而竅其兩端，生俛首就之，見其竅漸大，
明朗。乃舉身而入，遂至其家。數月，娶清河崔氏女，女
容甚麗，生資愈厚。生大悅，由是衣裝服馭，日益鮮盛。
明年，舉進士，登第，釋褐秘校，應制，轉渭南尉，俄遷
監察御史，轉起居舍人知制誥，三載，出典同州，遷陝牧，
生性好土功，自陝西鑿河八十里，以濟不通，邦人利之，
刻石紀德，移節卞州，領河南道采訪使，徵為京兆尹。是
歲，神武皇帝方事戎狄，恢宏土宇，會吐蕃悉抹邏及燭龍
莽布支攻陷瓜沙，而節度使王君㚟新被殺，河湟震動。帝
思將帥之才，遂除生御史中丞、河西節度使。大破戎虜，
斬首七千級，開地九百里，築三大城以遮要害，邊人立石
於居延山以頌之。歸朝冊勳，恩禮極盛，轉吏部侍郎，遷
戶部尚書兼御史大夫，時望清重，群情翕習。大為時宰所
忌，以飛語中之，貶為端州刺史。三年，徵為常侍，未幾，
同中書門下平章事。與蕭中令嵩、裴侍中光庭同執大政十
餘年，嘉謨密令，一日三接，獻替啟沃，號為賢相。同列
害之，復誣與邊將交結，所圖不軌。制下獄。府吏引從至
其門而急收之。生惶駭不測，謂妻子曰：「吾家山東，有
良田五頃，足以禦寒餒，何苦求祿？而今及此，思短褐、
乘青駒，行邯鄲道中，不可得也！」引刃自刎。其妻救之，
獲免。其罹者皆死，獨生為中官保之，減罪死，投驩州。
數年，帝知冤，復追為中書令，封燕國公，恩旨殊異。生
子：曰儉、曰傳、曰位，曰倜、曰倚，皆有才器。儉進士
登第，為考功員，傳為侍御史，位為太常丞，倜為萬年尉；
倚最賢，年二十八，為左襄，其姻媾皆天下望族。有孫十
餘人。

兩竄荒徼，再登台鉉，出入中外，徊翔台閣，五十餘年，
崇盛赫奕。性頗奢蕩，甚好佚樂，後庭聲色，皆第一綺麗，

前後賜良田、甲第、佳人、名馬，不可勝數。

後年漸衰邁，屢乞骸骨，不許。病，中人候問，相踵於道，名醫上藥，無不至焉。將歿，上疏曰：「臣本山東諸生，以田圃為娛。偶逢聖運，得列官敘。過蒙殊獎，特秩鴻私，出擁節旄，入升台輔，周旋內外，錦曆歲時。有忝天恩，無裨聖化。負乘貽寇，履薄增憂，日懼一日，不知老至。今年逾八十，位極三事，鐘漏並歇，筋骸俱耄，彌留沉頓，待時益盡，顧無成效，上答休明，空負深恩，永辭聖代。無任感戀之至。謹奉表陳謝。」詔曰：「卿以俊德，作朕元輔，出擁藩翰，入贊雍熙。昇平二紀，實卿所賴，比嬰疾疹，日謂痊平。豈斯沈痼，良用憫惻。今令驃騎大將軍高力士就第候省，其勉加針石，為予自愛，猶冀無妄，期於有瘳。」是夕薨。

盧生欠伸而悟，見其身方偃於邸舍，呂翁坐其傍，主人蒸黍未熟，觸類如故。生蹶然而興，曰：「豈其夢寐也？」翁謂生曰：「人生之適，亦如是矣。」生憮然良久，謝曰：「夫寵辱之道，窮達之運，得喪之理，死生之情，盡知之矣。此先生所以窒吾欲也。敢不受教！」稽首再拜而去。

3　按「維基百科」：越窯是唐朝、五代時浙江紹興越州的瓷窯，窯址主要分布於慈谿的上林湖一帶。隋朝、唐朝時紹興叫「越州」，因此得名為「越窯」。越窯燒製的青瓷器在唐代很出名。

4　按 google 資訊：《遵生八牋》十九卷，明代 濂撰。濂字深父，錢塘人。其書分為八目。卷一、卷二曰「清修妙論牋」，皆養身格言，其宗旨多出於二。卷三至卷六曰「四時調攝牋」，皆按時修養之訣。卷七、卷八曰「起居安樂牋」，皆室宇器用可資頤養者。卷九、卷十曰「延年卻病牋」，皆服氣導引諸術。卷十一至卷十三曰「飲饌服食牋」，皆食品名目，附以服餌諸物。卷十四至卷十六曰「燕閒清賞

戔」，皆論賞鑑清玩之事，附以種花卉法。卷十七、十八
曰「靈祕丹藥戔」，皆經驗方藥。卷十九曰「塵外遐舉戔」，
則歷代隱逸一百人事蹟也。書中所載，專以供閒適消遣之
用。標目編類，亦多涉纖仄，不出明季小品積習，遂為陳
繼儒、李漁等濫觴。又如張即之宋書家，而以為元人；范
式官廬江太守，而以為隱逸，其訛誤亦復不少。特抄撮既
富，時有助於檢核，其詳論古器，彙集單方，亦間有可採，
以視勦襲清言，強作雅態者，尚差勝焉。

5　中國陶枕展曾於 1985 年 2 月假國立歷史博物館展覽，該展
　　於 1984 年在大阪東陶館展出。收藏家為楊永德。

遼飛魚花卉枕，美國加州洛杉磯郡立美術館藏。（©LACMA）

07 明清銅爐展的文化意義

如果要在明、清兩代找種獨特的工藝品代表此文化特質，很多人會投銅爐一票。中國文化進入明代，古典的文明逐漸消失了，開始發展出我們今天所認識的中國。從這個時候開始，西方人快步地趕過我們，而中國人則生活在空虛的歷史榮耀之中。明清不是毫無所有，而是在祖先建立的基礎上，予以大眾化的詮釋而已！

明代的文物，一般認為以瓷器最受肯定。明初的青花與中葉以後的彩瓷都是收藏家心目中之珍寶。可是與淡雅高貴的宋瓷比較起來，明代瓷器卻是在西方的影響與民間的愛好之下所發展出來的工藝技術。創新是有的，為迎合民間與帝王通俗口味罷了。要在次要藝術形式中尋求明清的代表性作品，只有在知識分子的生活藝術中找。

明初的青花瓷——明永樂青花波濤龍紋爵杯，台北故宮博物院藏。

明中葉的彩瓷——明嘉靖天馬紋蓋罐，台北故宮博物院藏。

唐代鎏金香爐，美國紐約大都會博物館藏。（©MET）

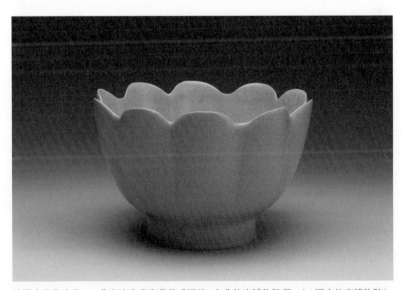

淡雅高貴的宋瓷——北宋汝窯青瓷蓮花式溫碗，台北故宮博物院藏。（© 國立故宮博物院）

清代劉海戲蟾香爐，湖南省博物館藏。(© 湖南省博物館)

清代鎏金獸形香爐，湖南省博物館藏。(© 湖南省博物館)

清乾隆掐絲琺瑯蓮花式香爐，台北故宮博物院藏。（© 國立故宮博物院）

清乾隆「陳蔭千製」款紫砂壺竹節提梁壺，台北　　清乾隆銅胎畫琺瑯冰梅紋壺，台北故宮博物院藏。
故宮博物院藏。

從禮器轉型為生活藝術

　　明代之後，中國的貴族主導的藝術形式已經完全式微了，連皇室都為民間的喜好所影響。以江南為中心的新中國文化，是一種中產階級文化，藝術的生活化是必然趨勢。具有紀念性的中國藝術，譬如祀典用的器物、大尺度的壁畫等，都在無形中式微了。

　　在生活藝術中，除了文化之外，與文人精神生活相關的，不外是香爐與茶壺。其中茶壺乃因自明初改變的飲茶形式而產生，香爐則是結合了宗教情操與心性修養，自古代的銅器形式中蛻變而來。香爐是古形式的脫胎換骨，成為代表新文

漢代博山爐，台北故宮博物院藏。（© 國立故宮博物院）

化的最典型例子。文化的承續是很奇妙的，以中國的銅器來
說，在商周時期，銅器大多是重器，鼎彝之器都是烹煮所用，
之後轉為祭器。它們的來源大約是陶器的鬲。

到了周末與漢代，鐘、鼎等紀念性器物衰微，銅器則轉
為貴族的生活器物。薰香用的博山爐[1]尤其盛極一時，銅器
及仿銅器造型的陪葬品非常普遍。薰香當然只是貴族生活中
的一小部分，可是這一部分與後來宗教信仰連上關係，就出
現新的生機了。

漢代博山爐，美國西雅圖亞洲藝術博物館藏。　　漢代博山爐，芝加哥美術館藏。（©The Art Institute of Chicago）

漢代博山爐，台北故宮博物院藏。（© 國立故宮博物院）

漢代博山爐・台北故宮博物院藏。

西漢香爐，美國紐約大都會博物館藏。（©MET）

焚香禮佛大約始於宋代

香本來是為生活中的趣味而燃的，原來或者是為驅除異味，趕走蚊蚋，自經驗中找到可以提神、醒酒的香料，產生了為燃香而燃香的時代。到了佛教出現於中土，佛像成為人民日常供奉的神祇時，此種清香，以其飄渺與靈動的特質，用來供奉佛前，似乎是理所當然的事。可是何時此一新用途才出現呢？恐怕要麻煩考古學家仔細研究一番。我們可以粗略地自文獻上知道，自漢朝到六朝是博山爐的時代。唐代的薰香爐有鳳尾爐之名，可知有了新的形式，已不太清楚博山爐為何物了，到了宋代才明確地看到有在佛前焚香的記載。所以我們不妨說，焚香禮佛至少自宋代開始吧！

北宋三足香爐，美國明尼阿波利斯美術館藏。（©Minneapolis Institute of Art）

西漢錯金博山爐・河北省博物館藏。（© 河北省博物館）

南宋至元代景德鎮窯青白釉香鼎，美國紐約大都會博物館藏。（©MET）

元代成對的獅首瓷香爐，美國紐約大都會博物館藏。（©MET）

金元鈞窯微型香爐，美國紐約大都會博物館藏。(©MET)

金元鈞窯微型香爐，美國紐約大都會博物館藏。（©MET）　　元代小香爐，美國紐約大都會博物館藏。（©MET）

　　自流傳文物看來，宋代明確地有了香爐。最常見的是收藏家所喜愛的龍泉窯的青瓷三腳爐，這種爐是否用在禮佛上，或只是為文人案頭所用，並無文獻可考，可是今天所見的青瓷爐尺寸有大有小，可知兩種用途都是可能的。自宋代小型精緻的香爐看來，文人把玩香爐的傳統，已經開始了。

宣德銅爐凌駕宋元瓷爐

　　明代的銅質香爐是從宣德朝大量鑄爐開始，可見器物之興衰與帝王的愛好有甚大的關係。自記載上看來，宣德所鑄銅器數量甚多，其用途亦難斷定均為香爐，其形制卻明顯地以仿古為大宗。依此推論，器物仍然以鼎彝等器為主，亦即

晚明宣德款鬲式銅爐，美國紐約大都會博物館藏。（©MET）

以儀典性功能為主。可是此時的儀典已大不同於三代，而帶有不少宗教禮拜的性質，因此銅器用來焚香，如今日寺廟中所見，也並非不可能。至少部分用來焚香，甚至是可以斷言的。宣德大量造器，很多是發到寺廟或王公貴族家裡使用的，上行下效，這種器物造成民間銅器的流行，也是不可避免的。我們可以想像，宣德之後，銅質香爐就代替宋元的瓷器香爐，成為民間香爐的大宗了。當然明代官窯瓷器中，香爐仍然是常見的。

晚明宣德款銅爐，美國
紐約大都會博物館藏。
（©MET）

明宣德銅雙龍耳簋式爐，
北京故宮博物院藏。
（© 北京故宮博物院）

明宣德爐，北京故宮博物院藏。（© 北京故宮博物院）

明宣德銅香爐，台北故宮博物院藏。（© 國立故宮博物院）

明正德款青花瓷蓮紋香爐，美國紐約大都會博物館藏。（©MET）

明嘉靖雙龍搶珠香爐，美國紐約大都會博物館藏。（©MET）

　　自官方的提倡到民間的模仿，主要是自較大型的器物轉變為可以玩賞的小型案頭器物，這種轉變是非常關鍵性的，因為上古的銅器近來雖也有不少小型器物出土，但傳世的古器都是體大而工精的。宣德造器是依據宋代宮廷傳下來的鼎彝圖譜完稿，完工後又一一繪製圖譜，賜給寺廟、大臣，可知是朝廷的大事，可以想像這些真正的宣德爐，應該是紀念性的、壯觀的。把這些器物縮小到宋代瓷爐的尺寸，卻是很好玩的，另外一種不同的藝術形式了。

體大工精趨於文雅小巧

　　可以上手把玩的小型器物，其審美標準就有根本的改變。比如上古的器物，有精巧的製作技術，乃以造型與紋飾取勝。重要的器物都有特殊造型及精美浮雕花紋。到今天，我們所看到的古器，大多為藍、綠的鏽色覆蓋，已無覺於材料的質感與色澤，我們推想即使數千年前的當時，由於表面上布滿

古玩店中的銅爐。

明宣德龍紋香爐，湖南省博物館藏。（© 湖南省博物館）

明代龍耳香爐，湖南省博物館藏。（© 湖南省博物館）

了花紋或雕塑，恐怕也顯現不出質感與色澤。所以當時的器物審美標準必然是以表面紋飾美為指標。

明代宮廷鑄造的仿古銅器是不是與上古相同，以紋飾為主要品評標準呢？由於至今並無傳世宣德銅器之研究報告問世，我們不得而知，但推斷宮廷的一貫作風，仿品必然盡量接近圖譜，故必然是鑄有花紋的。在目前所知的資料中，宣德所鑄銅器有些是傳承宋元造型的，也是經過先代仿古後對古代器物的再闡釋，在精神上仍然是裝飾性的。

到了民間鑄造小型器物的時候，在精神上就完全不同了。我國的藝術精神，到了宋代，在生活器物上，有相當大的轉變。以宋代瓷器與漆器所代表的精神價值，是相當內省的，宋代的官家瓷器，幾乎完全以瓷色與質感取勝，其造型之純

淨高潔，是中國文化極為突出的特色。比較起來，民間的器
物反而重視裝飾。所以宋代的統治階層與知識分子屬於一體，
擁有同樣的品味，這與水墨山水畫在精神上是一致的。

　　可是器物，尤其是瓷器與漆器，到了元代，受了民間影
響，就趨於裝飾化了。統治者的品味低落，加上青花與彩瓷
技術的進步，與雕漆技術的發展，上層階級的生活也跟著繁
飾化了。明代中葉以後，以江南為中心的知識分子要繼承宋
代的高雅傳統，必須另闢蹊徑才成。銅爐與茶壺大約是在此
精神之下，來填補文人生活需要的，其共同點在於高雅的造
型，可以上手的質感，以及百看不厭的呈色。這些發展，與
花梨木的家具幾乎同時。

明代點金爐，美國紐約大都會博物館藏。（©MET）

明代牡丹爐，胡文明製，美國紐約大都會博物館藏。（©MET）

明晚期胡文明款銅鎏金花紋香爐，美國紐約大都會博物館藏。（©MET）

明代銅爐，美國紐約大都會博物館藏。（©MET）

元代三足香爐，美國紐約大都會
博物館藏。（©MET）

元至正銘八卦獸面紋三足銅香
爐，美國紐約大都會博物館藏。
（©MET）

　　明清銅爐的造型，一般說來都是很高雅的。雖然也有些
以雕飾之表面取勝的半官方作品，大多只是光滑的、溫潤的。
造型仍以鼎彝為大宗，鼎者三足或四足的容器為主。廣義地
說，鼎也包括了帶足的鬲，因此這一項，在縮小後加以改造
的過程中，呈現得多采多姿，有很多可愛的形狀，大有可觀。
尤其是經過宋、元瓷器的洗禮，在小器的造型上，仍保有高
貴的氣質、雅潔的品味。彝是圈足雙耳在兩側的容器，其變
化較少，有之，多在兩耳的形制上做文章。在造型與質、色
上講究，就是書卷氣的講究。這是中國士大夫文化在明清之
間發展出來的一股清流。

明代龍鳳銅香爐，美國紐約大都會博物館藏。（©MET）

清代青龍環耳銅爐，美國紐約大都會博物館藏。（©MET）

期許銅爐藝術文化再興

到了清末，雖然失去了創造力，這股涓涓細流一直保持在民間，是很值得我們安慰的。與整體的文化現象之流於繁瑣、柔弱、衰敗的大趨勢對比起來，是值得稱賞的。這種價值觀與西方現代主義的藝術可以完全銜接。

基於此一理由，國立歷史博物館展出楊炳禎先生所收藏的兩百多件明、清銅爐是很有意義的。這個展覽 2 也許沒有很高的市場價值，沒有上古器物的稀有性，卻是對近世中國精神文明的一種肯定。今天的中國人對於傳統的焚香文化實在太陌生了，更不用說爐具這種藝術形式了。楊先生見他人所不能見，在一般收藏家不甚注意的時候，蒐集了如此可觀的數量，及具有足夠代表性的種類，是值得為他祝賀的。由於他的收藏，我們才能幾乎全面地了解明清爐的形態與美感。

而歷史博物館黃永川館長慧眼獨具，支持此一有意義的展覽，令人敬佩，希望自此之後，我國燃香的藝術可以得到正確的認識，與飲茶一樣，恢復它在文人生涯中應有的地位。

清代滿文銅香爐，美國紐約大都會博物館藏。（©MET）

清代鏤空象足香爐，湖南省博物館藏。(© 湖南省博物館)

清代銅灑金香爐，湖南省博物館藏。（© 湖南省博物館）

清乾隆古銅釉雙耳香爐，台北故宮博物院藏。（© 國立故宮博物院）

清代鏤空龍紋香爐，湖南省博物館藏。（© 湖南省博物館）

清代玉龍紋雙耳爐，台北故宮博物院藏。（© 國立故宮博物院）

清代掐絲琺瑯香爐，台北故宮博物院藏。（© 國立故宮博物院）

清代黃銅「富潤家，德潤身」香爐，美國紐約大都會博物館藏。（©MET）

清代銅香爐，美國紐約大都會博物館藏。（©MET）

附錄：《寶器颺馨》序

　　楊炳禎先生收藏的明清銅爐，自從十幾年前在歷史博物館展出，並出版《金玉青煙》之後，已廣為人知，且為收藏界所敬仰。銅爐，習慣上被稱為宣德爐，是自明代開始形成傳統的一種重要生活器物，代表了中華文化後期精神生活的形態。具有宗教信仰、心性修養、美感素養等多重意義，是值得愛好古文物與歷史文化的朋友們所重視的。這次為歷史博物館邀約擇其特別精彩者再次展出，是同好們的一個難得機會，也是博物館觀眾群的福音。

　　對於一般古文物的愛好者，應該以欣賞其形式之美為主，香爐生活化之後，中華文化的創造力開始發揮出來，把商、周流傳下來的青銅器之形制縮小，製作成便於提攜，甚至可以把握的器物，不論在功能上與形式上，都是一種既保存傳統，又適應當代生活的創新行為，代表了中華文化再生的活力。

東漢香爐，美國紐約大都會博物館藏。（©MET）

明代獅龍紋香爐，湖南省博物館藏。（© 湖南省博物館）

　　明末以來，香爐製作明星化，少了帝王威權的約束，民間匠師的創造力就發揮出來。這一趨勢一方面因仿宣德款使香爐的年代無從查考，大收藏家因而卻步，另方面卻有百花齊放的效果，使銅爐的製作如同藝術品一樣的同中求異，並考究精緻的美感。今天的我們，拜楊先生潛心收藏之賜，可以一舉而欣賞到各式各樣的藏品，實在非常幸運。請觀眾留意，幾乎每一只爐都是當年擁有者捧在手中的心愛寶貝，值得細心品賞。

編註

1　按「維基百科」：博山爐的結構主要為爐體和底座，在爐
　　體上有山形蓋，蓋上一般雕刻人物、龍虎、鳥獸等，並有
　　鏤空的孔洞，以便使香煙透出，形成雲霧環山繚繞的效果。
　　一般認為蓋子做成山形是象徵海外的仙山「博山」，符合
　　漢魏盛行神仙家說的文化氛圍，亦有學者認為其原型為華
　　山、泰山、蓬萊山、須彌山、崑崙山等，或許還含有封禪
　　的含義，其真正的含義尚不完全清楚。底座為圓盤形，中
　　間一般會雕有人物、龍虎、鳥獸等造型，亦有不具承盤者。
　　漢代的銅製博山爐常有鎏金、銀或鑲嵌寶石，魏晉南北朝
　　時佛教沿用此種香爐，紋飾則常用蓮花、火焰、祥雲等，
　　這種形制的香爐傳到朝鮮半島及日本等地，日本藏有隋唐
　　時期的白瓷製博山爐，博山蓋為蓮花形，受佛教影響很深。

2　1996 年 2 月 14 日至 5 月 12 日台北國立歷史博物館舉辦「金
　　玉青煙——楊炳禎先生珍藏明清銅爐」，展覽同時出版專
　　刊，本文是專刊的序言，專刊另有當時館長黃永川的〈且
　　融金玉遞青煙——香爐的沿革及其應用〉，劉靜敏的〈明
　　清香爐試析〉等文。後續有「館藏牙雕暨明清銅爐特展」

晚明灑金銅缽式爐，美國紐約大都會
博物館藏。（©MET）

明代鎏金獸面紋鼎，湖南省博物館藏。（© 湖南省博物館）

（熊本市立博物館，熊本市，1997 年）、「吉金──明清銅爐特展」（天津博物館，2015 年）與「金玉茗香──明清銅爐特展」（保利文化北美，溫哥華，2017 年）等展覽。2009 年 7 月 4 日至 26 日，台北國立歷史博物館又以「寶器颺馨──讀書樓藏清銅爐」舉辦展覽，同時出版專書。專書有漢先生簡短之序言，此序言以附錄方式接續於〈明清銅爐展的文化意義〉一文之後。

2000 年之際，我為漢先生的《為建築看相》一書配圖，繼而展開一系列的共同書刊出版計畫，因此我倆常有機會討論一些相關事宜。有一回漢先生特別提到《金・玉緣》與《認識中國建築》兩本小書。這是為了紀念故世的師母蕭中行女士所刊行的叢書，委託聯經出版事業公司印刷暨發行。這兩本書的印刷數量不多，流通不廣，因此漢先生表示有意重新編輯刊行。當時我並

《金・玉緣》書封。

未將此兩書列在計畫之中，關鍵在於不像建築專書，《金・玉緣》所需之圖片非我所長所有，以致編輯《金・玉緣》一書暫時延宕。所幸如今賴資訊公開，許多美術館的圖片得以引用，本書圖片凡標示 © 者，皆取材自各個美術館之網站，餘者則是我參觀美術館之際所拍。

2014 年漢先生故世，出版的計畫暫停了一段時日，2018 年與「典藏藝術」合作重啟漢寶德系列書刊，於是將《金・玉緣》納入。《金・玉緣》原書有〈玉與中國文化〉、〈中國的青銅文化〉與〈明清銅爐展的文化意義〉3 篇文章與 22 張圖片。為了符合系列書刊的體例需求，乃特選了漢先生所撰寫的〈青銅器中的童趣〉、〈石破龍出畫碑首〉與〈一只宋枕中所見的文化精神〉等，編輯完成《金玉藝采：漢寶德談文物》。

國立自然科學博物館於 1994 年 10 月 9 日至 1995 年 4 月

9日舉辦「認識古玉展」，配合展覽出版了《認識古玉》一書。〈玉與中國文化〉是漢先生為展覽與書所撰的專文，書首有一篇〈何謂古玉〉的短篇引文，與一篇〈揭開古玉的神祕面紗〉序文，本書特將此3篇文章悉加編入。

繼「認識古玉展」之後，國立自然科學博物館於1995年8月1日起至10月31日，與上海博物館交流舉辦「認識古代青銅器展」，計有63件作品蒞台展覽。配合展覽有專刊出版，惟漢先生所撰的〈中國的青銅文化〉一文，因為籌備期間職務更迭，他轉任台南藝術學校籌擘建校任務，以致文章未能用上，不過他為展覽的專刊所撰寫了一則短序，今配合本書的編輯，特將該序文編為「中國的青銅文化」之附錄，誌記這段因緣。

〈青銅器中的童趣〉一文曾收錄於漢先生另一本文物書《收藏的雅趣》，可惜當時只附了一張鵯卤的小照片。2007年漢先生擔任宗教博物館館長之時，賀歲的卡片是一款極可愛的豬尊，這張卡片連同其他我在網站搜尋的一些相關照片，共同為〈青銅器中的童趣〉增添具體的閱讀趣味。

東周鳥尊，美國華府佛利爾美術館藏。
（©Freer Gallery of Art）

　　〈石破龍出話碑首〉係 1977 年為龍年之應景文，發表於
《中國時報》人間副刊，在當時戒嚴的時代，報紙只有兩大
張，合計僅 8 頁，這篇占了一整頁的文章可說是極珍貴的大
作。〈石破龍出話碑首〉刊出時附有 8 張小小的照片，由於
印刷效果欠佳，實在難以配合文章的內容讓讀者清晰地了解
碑首的奧妙。這 8 張照片，按漢先生所言是從日人研究之書
所翻拍的。我至加州大學洛杉磯分校留學時，校內研究生圖
書館二樓的東方圖書室，在館藏的中、日、韓文書籍中，我
發現了日本建築學者伊東忠太的《支那建築裝飾》，合計 5
卷。當年兩岸阻隔，對於中國傳統建築的學習只能透過前輩
們的研究成果，眼見這 5 大卷書，真是遇到瑰寶，當下我就
翻拍了一些資料，未料竟在多年之後編輯本書之際派上用場，
誠乃一段奇妙之因緣。

〈石破龍出話碑首〉
發表於 1977 年《中國
時報》人間副刊，為龍
年之應景文，以全頁滿
版刊登。

　　漢先生在〈石破龍出話碑首〉文末提及日人關野貞有相關之研究，漢先生所指的書乃關野貞著作的《支那建築藝術》一書中的「支那碑碣樣式」章節。以當年的印刷術，關野貞書內的附圖並不清晰。為充實〈石破龍出話碑首〉一文的可讀性，我特選輯「支那碑碣樣式」章節中較清晰照片附隨進一步闡明，委實因為早年的印刷與攝影不夠完好，「支那碑碣樣式」的照片有一小部分不得不捨棄。

　　清末民初，關於中國傳統建築的話語權係由外國人所掌握，德國學者恩斯特・柏石曼（Ernst Boerschmann, 1873-1949）曾 3 度至中國，寓居達 6 年。恩斯特・柏石曼於 1906 年首度抵達北京，3 年期間足跡遍達 18 個省，拍攝了多達八千餘張的照片；1933 年至 1935 年之間第二度來華，1937 年第三次至中國。多年踏勘研究的成果曾出版多本著作，如《中國建築》（Chinesische Architecture, 1925），《塔》（Pagoda, 1931）等。恩斯特・柏石曼曾將《塔》一書寄贈中國營造學社，透過這段因緣他成為中國營造學社的通訊研究員。

　　芬蘭裔瑞典籍的喜龍仁（Osvald Sirén, 1879- 1966）則是另一位在西方研究中國的學者，他於 1920 年至北京，將兩年的調查成果於 1924 年出版《北京的城牆與城門》一書，全書有 53 張圖與 126 張照片，為北京城留下了彌足珍貴的文獻，此書當年只印了 800 本，2017 年北京聯合出版公司復刻再版。喜龍仁涉及的領域不限於建築，他對中國的雕刻、繪畫與庭園都有專書問世，如《四世紀至十四世紀的中國雕塑》（Chinese Sculpture from the Fifth to the Fourteenth Century, 1925），《中國庭園》（Gardens of China, 1949）、《中國與

十八世紀的歐洲庭園》（China and Gardens of Europe of the Eighteenth Century, 1950）等。

　　事實上，日本人對中國傳統建築的研究，比西方人更為廣泛，而且成績斐然，被譽為日本建築巨人的伊東忠太於1901年7月就至北京，趁著八國聯軍入侵佔領北京之際，對紫禁城測繪考察，爾後出版了《清國北京皇城》一書，1902年他至中國、印度與土耳其遊學，目的在為日本傳統建築的起源尋求脈絡。在中國逗留了一年有餘，其行程所見所聞於1947年以《西遊六萬哩》一書問世，其中有關於中國紀行的部分由中國畫報出版社於2017年刊行《中國紀行》。

　　伊東忠太的著作豐富，他的文章於1983年曾彙編成全集11卷，由「原書房」出版。伊東忠太所撰著的《中國建築史》由陳清泉翻譯、梁思成校訂，上海商務印書館於1937年出版。此書在台灣曾經再版，但刪除了校訂者，因為梁思成未隨國府來台之故。伊東忠太曾在中國營造學社演講「支那之建築」，演講內容經整理，發表於1930年12月的《中國營造學社匯刊》一卷二期。

　　在日本，除了伊東忠太，另有竹島卓一、常盤大定與關野貞等學者專研中國傳統建築，他們的著作皆是極有價值的檔案文獻。寫下這段歷史謹做為漢先生《金玉藝采：漢寶德談文物》一書的註腳。祈盼本書編輯的圖片能將漢先生所撰的宏文增添藝境光彩！

——黃健敏 2020 / 9 / 8

商代鳥尊，美國芝加哥美術館藏。（©The Art Institute of Chicago）

金玉藝采

藝術札記29
漢寶德系列之八

漢寶德 談 文物

作者　漢寶德
主編　黃健敏
編輯　魏麗萍
設計　王新宜
行銷　黃鈺佳、王美茹

* 本書圖片除圖說特別註明外，皆為黃健敏攝影提供。

發行人　簡秀枝
出版事業部總編輯　連雅琦
出版者　典藏藝術家庭股份有限公司
地址　104003台灣台北市中山北路一段85號3樓
發行專員　許銘文
電話　886-2-2560-2220#300-302
傳真　886-2-2567-9295
Email　books@artouch.com
網址　artouch.com
劃撥帳號　19848605 典藏藝術家庭股份有限公司

總經銷　聯灃書報社
地址　103016台北市重慶北路一段83巷43號
電話　886-2-25569711

印刷　崎威彩藝
初版　2020年11月
ISBN　978-957-9057-72-1
定價　新台幣380元

法律顧問 益思科技法律事務所　劉承慶律師

國家圖書館出版品預行編目（CIP）資料

金玉藝采：漢寶德談文物 / 漢寶德著 .-- 初版 .-- 臺北市 : 典藏藝術家庭，
2020.11-- 面；23×17 公分 --（藝術札記；29）-- ISBN 978-957-9057-72-1（平裝）
1. 文物研究　2. 中國　790.3　109013861